週末に行く
小さな贅沢、
自分だけの旅。

ことりっぷ co-Trip

新潟 佐渡 へ

ようこそ

JN015949

旅にいいこ　　　　　っと
おとゝりします。

いってきます。

新潟に行ったら…

新潟に着きました。

さて、なにをしましょうか?

名湯で知られる温泉地や史跡を訪ね、
風情ある新潟の風景を
心ゆくまで楽しみましょう。

新潟タウンでは、レトロモダ
ンな商店街での街歩きや多
彩な郷土料理の食べ比べ
を楽しめます。足を延ばし
て温泉宿に泊まるなら、月

岡温泉や岩室温泉へ。内陸
の山間には、絶景スポット
が数多く点在しています。
どのエリアを訪れても豊か
な自然が感じられますよ。

check list

- ☐ 3年に1度開かれる
  大地の芸術祭でアート体験
  ☞P.16

- ☐ 新潟ワインコーストで
  ワイナリーめぐり ☞P.28

- ☐ 月岡温泉を浴衣姿で
  湯上がりさんぽ ☞P.30

- ☐ レトロ&おしゃれな
  古町と周辺をおさんぽ
  ☞P.42

- ☐ 村上で町歩きと
  鮭料理を楽しむ ☞P.70

- ☐ 越後のパワースポット
  彌彦神社をお参り ☞P.76

- ☐

新潟といえば日本酒が有名ですが、
ワイン造りも盛ん。食事ができるワ
イナリーも豊富です。☞P.28

個性的な工房&ショップやカフェが
集まる、新潟タウンの沼垂テラス商店
街でお店めぐりを楽しんで。☞P.44

県南端の山深い地にある松之山温泉。
一面の雪景色の中で、露天風呂に入
るのもオツなもの。☞P.13,32

浴衣で温泉街さんぽを楽しみたい月
岡温泉。新潟タウンから足を延ばし
て滞在するのに好立地です。☞P.30

山々に囲まれた古民家の温泉宿が点
在する魚沼。この地方に伝わる素朴な
ごちそうが味わえます。☞P.20

佐渡では、海を眺めながら
くつろげるカフェやレスト
ランへ。☞P.94

新潟に行ったら…

なにを食べましょうか？

新鮮とれたてのエビや魚介、
郷土料理のへぎそばや浜焼き。
地酒やワインなども楽しみですね。

新鮮魚介に新潟ブランドの極上ごはん、米どころの名酒。おいしいものがそろった新潟の旅は、なんといっても「食」が楽しみ。へぎ

そばやのっぺ汁などの郷土料理も食べてみたいですね。地元では幻の日本酒が飲めるかも。スイーツ自慢のカフェもありますよ。

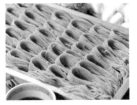

へぎという四角い器に入り、つなぎに海藻の「ふのり」を使ったへぎそばは新潟名物です。🔗P.54

check list

- ☐ コーヒー文化が根付いた 新潟市内のカフェ 🔗P.46
- ☐ 日本一と評される 新潟ブランド米 🔗P.48
- ☐ へぎそばをはじめとした 郷土料理 🔗P.54,56
- ☐ 名酒ぞろいの地酒を 飲み比べ 🔗P.58
- ☐ 寺泊「魚のアメ横」で 名物カニ料理を 🔗P.80
- ☐ 雪国ガストロノミー 🔗P.84
- ☐

酒どころ新潟では、豊かな自然の恵みから生まれた郷土料理と地酒が楽しみです。🔗P.58

なにを買いましょうか？

新潟らしい玩具など、キュートなおみやげを新潟駅周辺で探して。
🔗P.35

おみやげには和菓子や日本酒。
地元の食材は自分用にもほしいですね。
ふだん使いのできる和小物もあります。

新潟タウンには、食材に恵まれた新潟らしいおいしいおみやげがたくさん。新潟駅の駅ビルにも豊富にそろっています。燕三条や五泉

では、一生ものになりそうなファクトリーブランドの逸品が見つかります。佐渡では、おけさ柿などの自然志向の品々が楽しみです。

世界レベルの職人が集まる燕三条で金物の名品を。
🔗P.22

新潟タウンのカミフルにも新潟みやげがたくさんあります。
🔗P.43

check list

- ☐ 燕三条の逸品 🔗P.22
- ☐ 注目のアウトドア スポット 🔗P.24
- ☐ 新潟のワイン 🔗P.28
- ☐ かわいいおみやげ 🔗P.34
- ☐ 手仕事が光るクラフト 🔗P.44
- ☐ 豊富な糀ドリンク 🔗P.62
- ☐

今週末、2泊3日で新潟へ

新潟駅に到着したら、自転車を借りて市内散策をスタート。
2日めは月岡温泉を日帰りで楽しみ、魚沼へ移動して滞在。
翌日に、魚沼や十日町の見どころなどをめぐるプランです。

1日め

／レンタサイクルで～＼

10:30
Befcoばかうけ展望室 ⤳P.41
で地上125mの高さから市内を
一望しましょう。

11:30

13:00

寿司処・新潟タウンのなか
でも屈指の人気を誇る**せ
かい鮨**⤳P.50で、地魚を
盛り込んだ「極み」を味わ
いましょう。

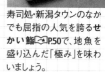

せかい鮨からすぐの距離にある**沼垂テラス商
店街**⤳P.44で、クラフト探しを。

15:00

江戸時代の面影を
感じさせる石畳の**白
壁通り**⤳P.42を散
策。豪商の別邸やレ
トロな教会を見学し
ます。

16:00

新潟駅に戻って自転車を
返したら、駅ビル**CoCoLo
新潟**⤳P.61でみやげ物を
探しましょう。

18:30

新潟駅南口すぐの場所にある
富来屋⤳P.56で夕食を。全席
個室なのも魅力です。1日目は
駅周辺のホテルに滞在します。

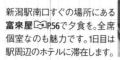

2日め

8:30
早めにチェックアウトして新潟駅から豊栄駅へ移動。駅前からタクシーで**月岡温泉**へ向かいます。

9:30

温泉街にある**源泉の杜**🖐P31で、湯をかけて縁結びを祈願。

かわいらしい
「湯掛ご縁像」

10:00
県内を中心に商品をそろえた**新潟甘味 premium WAGASHI 和**🖐P.31で、かわいいパッケージのお菓子をおみやげに。

11:00

TSUKIOKA BREWERY🖐P.30で月岡温泉の色をしたクラフトビールとともにハンバーガーをランチに。

12:00
月岡温泉の締めくくりは、無料で利用できる**あしゆ湯足美**🖐P.30。目の前にカラフルな傘が飾られた、フォトジェニックな演舞場を見ながらくつろげます。

16:00
バスや電車を乗り継いで魚沼の**里山十帖**🖐P.20へ。日暮れ前にチェックインしましょう。

森の音を聞きながら、
おやすみなさい…

3日め

8:00

里山十帖 ☞P.20で朝食を食べたら、里山めぐりに出発。

11:00

鉄道を乗り継いで十日町へ。大地の芸術祭の拠点施設・**越後妻有里山現代美術館 MonET** ☞P.17で、アート作品の水盤を鑑賞。

レンタカーで
めぐるのもありです

16:00

まつだい駅から直通電車で越後湯沢駅へ向かい、15:10発の森宮野原行きバス＆徒歩で**清津峡渓谷トンネル** ☞P.17へ。トンネル全体がアート作品になっています。

マ・ヤンソン/
MADアーキ
テクツ作
「Tunnel
of Light」

12:30

北越急行ほくほく線のまつだい駅前にある**まつだい「農舞台」**☞P.17でビュッフェランチを。アート作品も見られます。

18:30

越後湯沢駅に戻ったら、**下湯沢共同浴場 駒子の湯**☞P.83で湯浴みを楽しみましょう。

19:30

越後湯沢駅前の宿のダイニング**魚沼キュイジーヌ料理 むらんごっつぉ**☞P.84で夕食を。事前に予約しておきましょう。

21:30

上越新幹線上りの最終電車1本前の21:17発で帰路につきましょう。

私の旅の
しおり

プラン作りのコツ

初日は新潟タウンをめぐり、翌日は月岡温泉を楽しんだ後に昼過ぎから魚沼へ、さらに3日めは鉄道とバスを駆使して山間をめぐる移動の多いプランです。列車や路線バスの本数が少ないので、時間を確認しておきましょう。早く帰路につく場合は、清津峡渓谷トンネルを断念します。
佐渡へ足を延ばすなら、2日目の朝から佐渡にわたって島内をめぐり、もう1日プラスしましょう。

1日め

JR新潟駅
↓
Befcoばかうけ展望室
↓
せかい鮨でランチ
↓
沼垂テラス商店街さんぽ
↓
白壁通りを散策
↓
CoCoLo新潟でお買い物
↓
富來屋でディナー
↓
新潟タウンで宿泊

2日め

JR新潟駅
↓
月岡温泉さんぽ
（源泉の杜、新潟甘味 premium
WAGASHI 和、TSUKIOKA
BREWERY、あしゆ湯足美）
↓
里山十帖で宿泊

3日め

JR大沢駅
↓
越後妻有里山現代美術館 MonET
↓
まつだい「農舞台」
↓
清津峡渓谷トンネル
↓
下湯沢共同浴場 駒子の湯
↓
魚沼キュイジーヌ料理
むらんごっつぉでディナー
↓
JR越後湯沢駅から帰路に

my memo

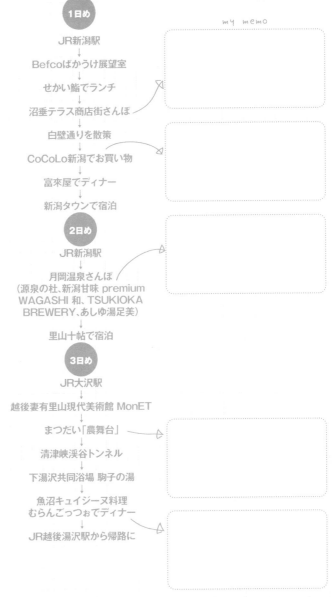

ことりっぷ co-Trip 新潟 佐渡

CONTENTS

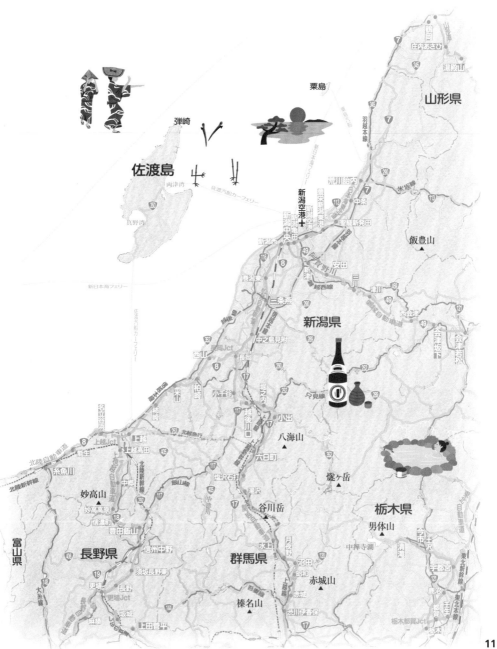

春

長い冬を終えると
各地で花々が開花する新潟。
桜やチューリップなど
春色の景色が迎えてくれます。

1上越市の「高田城址公園」では春、公園周辺を含めて約4000本の桜が開花。3月下旬〜4月上旬の最盛期には夜間のライトアップが実施され、日本三大夜桜の一つに数えられる美景を眺めることができる [MAP]付録② A-2 **2**越後平野の田んぼに水が張られた早朝に「弥彦山」からは朝日が水面を照らす幻想的な光景が広がる [MAP]付録④ A-3 **3**県内有数のチューリップの産地である五泉市。4月上旬〜下旬には、色鮮やかな約150万本が各所で開花(開花状況はHPで確認) [MAP]付録④ C-3

新潟の四季を彩る

妙高エリアにあるリゾートホテル「赤倉観光ホテル」 [MAP]付録① A-3では晩秋や初夏、早朝に雲海が発生する頻度が高まる

秋

県内全域で木々が色づく秋。
紅葉狩りを楽しみながら湯浴みができる
野趣満点の露天風呂も楽しみな季節です。

無料で利用できると人気の「黄金の湯」では、乳白色の湯から紅葉狩りを楽しんで [MAP]付録① A-3

大規模で美しい花火に慰霊と平和の思いが込められた「長岡まつり大花火大会」は、例年8月2・3日に開催 MAP 付録④ A-5

日本屈指の規模を誇る
長岡の花火大会や棚田など、
フォトジェニックな絶景が
県内各地で見られます。

マ・ヤンソン／MADアーキテクツ
「Tunnel of Light」(大地の芸術祭作品)

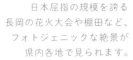

■1 柱状節理の岩と清津川の峡谷美が間近に見られるように設けられた「清津峡渓谷トンネル」 MAP P.17 ■2 数ある棚田の中でもとくに美しいと人気の越後松代棚田群「星峠の棚田」 MAP 付録② B-2

月岡温泉近くにある瓢湖では、シベリア方面から5000羽を超える白鳥が飛来 MAP 付録④ C-2

カラフルな景色を探しに

山間部は雪で覆われ
瓢湖は白鳥が飛来する冬。
雪に閉ざされるからこそ
地元の人々のもてなしが
身も心も温めてくれます。

冬は雪に覆われる越後エリア。左は十日町の蒲生(かもう)の棚田 MAP 付録② B-2,右はひなの宿 ちとせ P.33

Winter 冬

花や紅葉の見頃、イベントの開催内容は、状況によって変わることがあります。事前に確認してからおでかけください。

絶景列車で新潟〜酒田を海辺 trip

青い海が
目を引く

波打ち際ぎりぎりを走るので
海の眺めのよさは格別です

足を延ばしてくつろげる
フルフラットにできる席もあります

「新潟の食」を感じられる
お弁当は事前予約で楽しめます

「海里」オリジナルのグッズは
おみやげにピッタリです

海里 かいり

新潟〜酒田間を走るJR東日本の観光列車。大きな窓
からは、日本海や田園風景などの絶景が見られる。
🕐運行日は金〜日曜、祝日が中心（時期により変動あり）
💴乗車券＋指定券840円
ℍℙ http://www.jreast.co.jp/railway/joyful/kairi.html ᴹᴬᴾ 68

ちょっと気になる新潟

地形の変化に富んでいて、
いつ訪れても新たな風景に出会える新潟県。

自然とアートを調和させて開催する芸術祭、
全国に知られるコシヒカリをはじめとした、
自然のなかで育った食材を使った料理、
浴衣でおさんぽを楽しみたい温泉街。

豊かな自然にモダンさや
地元の人のぬくもりが感じられる
気になるコトやモノ、探しに行きませんか？

越後妻有の「大地の芸術祭」を訪れて 里山に広がる現代アートを体験しましょう

越後妻有エリアで3年に1度開催される「大地の芸術祭」は、
美しい里山の景観とアートが融合する、国内最大級のアートフェスティバル。
常設作品が多いので、開催年以外でもアートめぐりが楽しめます。

1清津峡渓谷トンネル途中の見晴所 **2**棚田のアートを望む越後まつだい里山食堂 **3**草間彌生作「花咲ける妻有」 **4**まつだい「農舞台」から見えるイリヤ＆エミリア・カバコフの作品「棚田」 **5**桔梗原うるおい公園にある「たくさんの失われた窓のために」内海昭子作

国内・海外の芸術家の作品を展示

大地の芸術祭 越後妻有アートトリエンナーレ
‖ 十日町・津南・川西・中里・松之山・松代 ‖
だいちのげいじゅつさいえちごつまりアートトリエンナーレ

越後妻有地域（十日町市・津南町）を中心に、3年に1度開催される現代アートの祭典。通年でも約200点の常設作品が鑑賞でき、2024年のトリエンナーレでは約100点の新規・新展開作品を楽しむことができる。

☎025-761-7767（「大地の芸術祭の里」総合案内所）
⌂十日町市、津南町など ⏰🅿️‼作品により異なる（2024年は7月13日〜11月10日、火・水曜休）MAP付録② C-2

＼ アートめぐりのアドバイス ／

作品展示場所は十日町、川西、中里、津南、松代、松之山の6エリアと、広範囲に渡るので、車での周遊がおすすめ。また、ガイド＆ランチ付きでめぐるバスツアーもあるので、HPをチェック。

🆗 www.echigo-tsumari.jp/visit/

\「光の館」の光る大浴場/

\泊まれるアート「夢の家」/

©Yamada Tsutomu

©Nakamura Osamu

レンタカーでめぐるのがおすすめ
山奥の集落にあるアートなどは、自由に移動できるレンタカーで行くのがおすすめです。
駅レンタカー十日町営業所 ☎025-752-2230
駅レンタカー越後湯沢営業所 ☎025-785-5082

1 起点となるアート複合施設
越後妻有里山現代美術館 MonET
‖十日町‖えちごつまりさとやまげんだいびじゅつかんモネ

水盤の周りにめぐらされた回廊が印象的な、芸術祭の拠点施設。2021年に「MonET」として改修。現代美術館やショップ、カフェ（営業日は公式サイトで要確認）などが併設されている。

☎025-761-7766 ⌂十日町市本町6-1 🕐10:00〜17:00 ㊡火・水曜（祝日の場合は翌日休）¥1000円（展覧会により異なる）Ｐあり ‼JR十日町駅から徒歩10分 MAP付録② C-2

©Kioku Keizo
レアンドロ・エルリッヒ作
「Palimpsest：空の池」

2 廃校に絵本の世界が広がる
鉢&田島征三 絵本と木の実の美術館
‖十日町‖はちアンドたしませいぞうえほんときのみのびじゅつかん

廃校になった小学校を、絵本作家の田島征三氏がファンタジックな"空間絵本"として再生。「Hachi Café」も併設。

©Miyamoto Takenori＋Seno Hiromi

☎025-752-0066 ⌂十日町市真田甲2310-1 🕐10:00〜17:00（10・11月〜は16:00）㊡火、水曜（祝日の場合は翌日休。冬季は休館）¥800円 Ｐあり ‼JR十日町駅から車で20分 MAP付録② C-2

1 田島征三作「学校はカラッポにならない」 **2** 旬野菜のランチが味わえるカフェ

3 里山食材のビュッフェが人気
まつだい「農舞台」
‖松代‖まつだいのうぶたい

棚田アートなど、雪国の農耕文化を紹介する作品を中心に展示している、芸術祭の拠点施設のひとつ。併設レストラン「越後まつだい里山食堂」では、地元の旬の食材を使った家庭料理が味わえる。

☎025-595-6180 ⌂十日町市松代3743-1 🕐10:00〜17:00 ㊡火、水曜（祝日の場合は翌日休）Ｐあり ‼北越急行まつだい駅からすぐ MAP付録② C-2

1 オランダの建築家グループMVRDVが設計 **2** 里山食材たっぷりのビュッフェ

©Nakamura Osamu

話題のアートスポット
清津峡渓谷トンネル
‖中里‖きよつきょうけいこくトンネル

柱状節理の岩と清津川の渓谷美が間近に見られる、全長750mの徒歩専用トンネル。全体がアート作品になっていて、不思議な写真が撮れるフォトジェニックなスポットが点在。

☎025-763-4800 ⌂十日町市小出癸2119-2 🕐8:30〜16:30（閉坑は17:00、GWや夏休みなどの繁忙期は要予約、冬季は変更あり）㊡無休 ¥1000円 Ｐあり ‼バス停清津峡入口から徒歩20分 MAP付録② C-3

マ・ヤンソン／MADアーキテクツ作
「Tunnel of Light」

光を感じるゲストハウス
光の館 ‖川西‖ひかりのやかた

谷崎潤一郎の『陰翳礼讃』に着想を得て、光のアーティスト、ジェームズ・タレルが創作した泊まれるアート作品。光に包まれた美しい空間でゆっくり過ごせる。

屋根が開閉する和室では星空が眺められる

☎025-761-1090 ⌂十日町市上野甲2891 🕐IN16:00〜 OUT〜10:00（見学は季節により異なる）¥要HP確認 ¥施設使用料25000円+1人1泊5000円〜 Ｐあり ‼JR十日町駅から車で15分 MAP付録② C-1

小高い山の上に建つ2階建ての木造建築

大地の芸術祭の会期中の営業時間等は変更の可能性があるので、HPで確認してください。

雪国が生んだお菓子や料理が味わえる すてきなお店や複合施設を訪ねて

独特の雪国文化が育まれた、豪雪地帯の魚沼や十日町エリア。
先人から受け継いだ知恵が生かされた
おいしい品々を味わってみませんか。

■1高台にある猿倉山ビール醸造所 ■2猿倉山ビール醸造所のライディーンビールの定番4種類。各740円（420㎖）■3「菓子処 さとや」2階のカフェ ■4八海山雪室内の雪中貯蔵庫には1000トンもの雪を貯蔵し、清酒などを熟成させている ■5シンプルで使い勝手のいい台所道具を中心に、全国からセレクトした雑貨がそろう「キッチン雑貨 okatte」

猿倉山ビール醸造所併設の「猿倉山ビールバー」のジビエバーガー1280円。県内産猪肉100％のパティに地元の八色シイタケなどを合わせたご当地バーガー

社員さんとランチ♪

社員食堂をランチ限定で一般にも開放している「八海山みんなの社員食堂」。八海定食（魚）1200円など

1日たっぷり過ごせる魚沼の人気スポット
魚沼の里
‖南魚沼‖ うおぬまのさと

新潟を代表する有名酒蔵の八海醸造がプロデュースする複合施設。八海山の麓に広がる里山に、酒蔵やビール醸造所、カフェや雑貨ショップ、食事処など16の施設が集まっていて、南魚沼のグルメやおみやげが充実。雪国ならではの雪中貯蔵庫見学ツアーも毎日開催。

おみやげに人気の「さとやバウム」1650円〜

📞0800-800-3865（お客様相談室）🏠南魚沼市長森426-1
🕙10:00〜17:00（食事処は店によって異なる）🈚無休 Ｐあり
🍴JR五日町駅から車で10分 MAP 付録② D-2

ちょっと気になる新潟／雪国が生んだお菓子や料理

アート作品の中で郷土料理などを
IKOTE
‖十日町‖ イコテ

2015年の大地の芸術祭で登場したアート作品でもある、かまくらのような形をしたユニークな建物が目を引くカフェレストラン。郷土料理をアレンジしたお惣菜などが味わえる定食やスイーツでひと休みを。

カフェレストラン
☎025-755-5595
⌂十日町市本町5-39-6
🕐11:00〜21:00(水・日曜は〜17:00)
㊡月曜 ℗あり
🍴JR十日町駅から徒歩5分
MAP付録② C-2

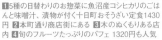

■5種の日替わりのお惣菜に魚沼産コシヒカリのごはんと味噌汁、漬物が付く十日町おそうざい定食1430円 ②本町通り商店街にある ③木のぬくもりある店内 ④旬のフルーツたっぷりのパフェ 1320円も人気

■サラダや目玉焼き、自家製ベーコンが付いたワッフルランチ1400円。仕込み水で作った雪男サイダーはラベルがかわいい ②本棚には鈴木牧之の本も並ぶ店内 ③ポチ袋や缶バッジ、ピンバッジなど、雪男グッズも販売 ④江戸時代の面影を残す牧之通りの一角に立つ

南魚沼の牧之通りにある
老舗酒蔵の蔵カフェ
OHGIYA CAFE
‖塩沢‖ オーギヤカフェ

旧宿場町の面影が残る牧之通りにある、日本酒・鶴齢で知られる青木酒造が営むカフェ。2棟の古い蔵を移築してリノベした店内は、和モダンな雰囲気。新潟産米粉や酒米粉を使い、バター不使用のヘルシーなワッフルが味わえる。酒の仕込み水で淹れたコーヒーも人気。

蔵カフェ ☎025-775-7701
⌂南魚沼市塩沢181-1
🕐10:30〜17:00 ㊡火・水曜
℗あり 🍴JR塩沢駅から徒歩5分
MAP付録② D-2

魚沼の里の「八海山雪室」の焼酎貯蔵蔵庫では、日本酒や梅酒などが試飲できますよ。

滋味深い魚沼の旬のごちそうも楽しみ
モダンな古民家で過ごす上質な里山ステイ

山々に囲まれた歴史ある古民家を改装した人気の温泉宿がこちら。
伝統の発酵食などを取り入れた、魚沼ならではのごちそうを味わい、
忙しい日常を忘れて、自然の中で静かな時間を過ごしてみませんか?

特別な時間が過ごせるぜいたくな宿
里山十帖
‖ 大沢山温泉 ‖ さとやまじゅうじょう

築150年の古民家をリノベートした人気の温泉宿。豪雪地帯特有の太い梁や柱を生かしつつ、モダンで洗練された空間に生まれ変わった宿には、居心地のいいラウンジや、ライフスタイルショップも。絶景日本一と称される露天風呂やデザイン性の高い客室、オーガニック＆デトックスをテーマに地元の旬の食材で作る料理なども評判。

📞0570-001-810 🏠南魚沼市大沢1209-6 🕐IN15:00 OUT11:00 🚪洋13 無休 Ｐあり 🚃JR大沢駅から車で5分 MAP付録② D-2

料金プラン
露天風呂付き
Viewたたみツイン
1泊2食 (2名1室/1名分)
33330円～

朝食付きルームチャージ
(2名1室/1名分)
50600円～

レトロモダンな古民家にも滞在できます

フルリノベーションした丸々一棟の古民家を貸し切れる、里山十帖の古民家再生プロジェクト。「IZUMI」に続いて2023年2月にオープンした「SEN」は、信濃川を見下ろす河岸段丘の上に建ち、タイプの異なる2つのサウナなどが楽しめる。

里山十帖 THE HOUSE
「SEN」
🌐https://satoyama-jujo.com/thehouse/sen/

❶吹き抜けが開放的なレセプション棟 ❷メインダイニング「早苗饗」でいただく伝統野菜たっぷりの「SANABURI朝食」 ❸山々に囲まれた閑静な大沢山温泉にたたずむ ❹露天風呂付きViewメゾネットスイート202の客室 ❺日本百名山の巻機山を眺める露天風呂 ❻併設ショップでは、宿で使用しているアイテムも販売

郷土料理のワークショップ
ryugonでは、魚沼の郷土料理を地元のお母さんと一緒に作るワークショップを毎日開催。所要1時間半で3850円。3日前までの予約制です。

1 ソフトドリンクやスナックが自由に楽しめるラウンジ **2** 朝食は、炊きたての魚沼産コシヒカリに合うお惣菜がたっぷり **3** 地元の伝統料理をベースにした夕食 **4** 中庭に面したVilla Suiteの客室 **5** 庭園は国指定の文化財、直江兼続ゆかりの坂戸山の森につながっている **6** 羽釜で炊いた魚沼産コシヒカリは格別の味わい

魚沼の伝統料理がおいしい

ryugon
‖六日町温泉‖リュウゴン

1万6000坪もの広大な敷地に、江戸・明治時代に建てられた豪農の館を移築したレトロモダンな温泉宿。ヴィラ棟のすべての客室は、六日町温泉のお湯を引いた露天風呂付き。酒粕を使った発酵食や山菜の保存食など、雪国ならではの知恵が詰まった郷土料理を取り入れた夕食は格別の味わい。郷土料理作りや山菜採りなどのアクティビティにも参加できる。

📞025-772-3470
🏠南魚沼市坂戸1-6
🕐IN15:00 OUT12:00
🛏和洋32 休無休
🅿あり 🚉JR六日町駅から車で6分
MAP付録② D-2

料金プラン

和洋室
1泊朝食付き（2名1室／1名分） 16070円〜
1泊2食（2名1室／1名分） 24320円〜

里山十帖では、ヤコブセンのエッグチェアをはじめとするデザイナーズチェアが各所に置かれています。

一生ものと出会えるかも
新潟ファクトリーブランドの逸品

五泉のニットや燕三条エリアの金物など、新潟には、地元の工場から発信される
世界レベルのファクトリーブランドがいくつもあります。
旅の途中で立ち寄って、一生ものを探しましょう。

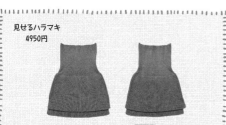

見せるハラマキ
4950円

226
‖五泉‖つつむ

「つつむ」ことをコンセプトにしたニットのブランド。着ぶくれせず、きれいなシルエットになる重ね着風のおしゃれな腹巻「見せるハラマキ」が人気。

〈ニット〉
📞0250-43-3129（サイフク）
＼ココで買えます／
ぽんしゅ館クラフトマンシップ
📞025-290-7552 🏠新潟市中央区花園1-1-1 CoCoLo新潟 WEST SIDE内
🕐9:00〜20:30 🏠CoCoLo新潟に準ずる Ｐあり 🚃JR新潟駅直結 MAP付録③ C-3

oriamiペンケース
Mサイズ 3300円

PRODIGAL
‖五泉‖プロディガル

折り紙のように立体的に編んだニットで作るオリジナル商品のoriamiペンケース。2サイズあり、カラーは全7色。ペンケースのほか、トートバッグなども展開。

〈ニット〉
📞0250-43-3221（高橋ニット）
＼ココで買えます／
Milestone マイルストーン
📞0250-43-3221 🏠五泉市馬場町2-174 🕐11:00〜17:00 🏠火〜木曜 Ｐあり 🚃JR北五泉駅から徒歩10分 MAP付録④ C-3

チェック柄ニット
ミニバッグ
各2750円

Primera ‖見附‖プリメーラ

ニットブランドのプリメーラと長岡造形大学の学生とのコラボで生まれたニットバッグ。トキが羽ばたく姿をイメージしたというタータンチェックのやさしい色合いが特徴。

＼ココで買えます／
〈ニット〉 📞0258-66-4513（第一ニットマーケティング）🏠見附市柳橋町270-1 🕐10:00〜16:00 🏠無休 Ｐあり 🚃JR見附駅から徒歩5分 MAP付録④ A-4

Mirror スプーン（大）、
フォーク（大）
各2200円

As it is
‖燕‖アズイットイズ

塗料や染料を使わず、金属の酸化被膜を利用した酸化発色の技術を使い、虹色の輝くような質感をデザインしたカトラリーを製造。劣化・腐食しにくいため長く愛用できる。

〈金属加工〉
📞0256-62-2548（中野科学）
🏠as-it-is.jp
＼ココで買えます／
FACTORY FRONT
✉P.23

ものづくり体験にチャレンジ
FACTORY FRONTでは、ティースプーンづくりなどのワークショップを開催。所要40分程度で1人2500円。事前に電話かメールで申し込みを。

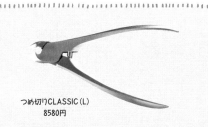

つめ切りCLASSIC（L）
8580円

SUWADA ‖三条‖スワダ
刃物製造

材料選びから仕上げまで、職人の手作業で作られるスワダのつめ切り。使い勝手のよさに定評があり、プロネイリストや医療従事者にも愛用されている。火〜土曜は工場見学も可能。

＼ココで買えます／
刃物製造
☎0256-45-6111（諏訪田製作所）
🏠三条市高安寺1332
🕐10:00〜18:00（短期営業期間あり、工場見学は10:10〜17:00、職人の休息時間あり）
休4/1（工場見学は日・月曜、祝日休）
Ｐあり ♿JR帯織駅から徒歩20分
MAP付録④ B-4

ぐい呑 水玉16500円

片口 玉子形 水玉
46200円

玉川堂 ‖燕‖ぎょくせんどう

200年の伝統を誇る鎚起銅器の老舗。職人が金づちで叩いて仕上げる鎚起銅器は、水玉模様のモダンなデザインのものも。併設の工場では、1日5回銅器の製造工程を見学できる。

＼ココで買えます／
鎚起銅器
☎0256-62-2015
🏠燕市中央通2-2-21
🕐8:30〜17:30 休日曜、祝日 Ｐあり ♿JR燕駅から徒歩5分
MAP付録④ B-3

FOR METAL CASE
RD01 ALUMINIUM
8800円

FACTORY FRONT
‖燕‖ファクトリーフロント

燕三条エリアのプロダクトを集めたオープンファクトリー型施設で、商品開発事業などを行う「MGNET」に併設。自社ブランドのスタイリッシュな名刺入れは、海外からもオーダーが入る逸品。

＼ココで買えます／
オープンファクトリー
☎0256-46-8720
🏠燕市東太田14-3
🕐11:00〜18:00 休火・水曜 Ｐあり ♿JR西燕駅から徒歩7分 MAP付録④ A-3

まかないボウル
2200円〜3850円

conte ‖燕‖コンテ

燕市の金属加工メーカー「一菱金属株式会社」と、プロダクトデザイナー、バイヤーなどがコラボして生まれた台所道具のブランド。一度使うと手放せなくなる使い心地。

＼ココで買えます／
キッチン道具
☎0256-63-7211（一菱金属）
HPconte-tsubame.jp
＼ココで買えます／
キッチン雑貨okatte（魚沼の里内）➡P.19

SUWADAの工場に併設されている社員食堂RESTAURANT CUIQUIRIT（クイキリ）は、一般利用も可能です。

越後の自然をおしゃれに楽しむ
注目のアウトドアスポットへ

日本を代表するアウトドアブランド・スノーピークの本社や
絶景を前に貸切利用できるドームテントなど、
新スタイルのアウトドア体験を楽しむのもすてきです。

食材や用具もすべて用意してもらえる手ぶらBBQプランも

芝生で遊んだり周囲の森を散策したり、自然と親しめる

キャンプギアやアパレルがそろうショップも併設

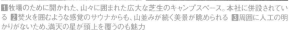

❶牧場のために開かれた、山々に囲まれた広大な芝生のキャンプスペース。本社に併設されている ❷焚火を囲むような感覚のサウナからも、山並みが続く美景が眺められる ❸周囲に人工の明かりがないため、満天の星が頭上を覆うのも魅力

アウトドアの聖地で自然と一体に

Snow Peak HEADQUARTERS
スノーピークヘッドクォーターズ

三条市郊外にある、四季折々の景色を楽しめる広大な施設。人気のキャンプギアが使えるキャンプ場のほか、雄大な粟ヶ岳を望む天然温泉の大浴場やサウナ、レストランや宿泊施設を備える複合型リゾート施設がある。

📞0256-41-2222 🏠三条市中野原456 🕘IN9:00 OUT12:00（予約制）※スパはHPで要確認 🈺水曜（スパは無休） 🅿️あり ‼️JR燕三条駅から車で40分 MAP付録④ B-4

🎵 1棟貸しもあります 🐦

世界的な建築家・隈研吾氏と共同開発した、木造のトレーラーハウス住箱-JYUBAKO-。宿泊のほか、購入することもできる。

¥1～2名11000円、3～4名16500円

滞在する場合は住箱のほか、調理などを行う前面の約5m×8mの野外スペースが利用できる

年2回の雪峰祭も人気

6月と10月中旬の土・日曜に開かれるSnow Peakの感謝祭。限定アイテムやセール商品が買えるとあって多くの人でにぎわいます。

グランピング気分で魚沼の絶景を眺めて

ザ・ヴェランダ石打丸山

ザヴェランダいしうちまるやま

越後湯沢の老舗スキー場が夏季に開設しているゲレンデリゾート。南魚沼最大級の展望テラスが広がっていて、クリアドームなどから魚沼平野や山並みを一望できる。

📞025-783-2222 🏠南魚沼市石打1655
🕐10:30~17:30（ナイト営業は~20:00）
🈺4月下旬~5月上旬、7~11月上旬営業、期間中不定休 ￥ゴンドラ往復2500円 🅿あり ‼バス停石打中央口から徒歩6分
MAP付録② D-3

1 60分1500円単位で利用でき、冷暖房やWiFiも完備するクリアドーム 2 ゴンドラの山頂駅にある 3 見晴らしのいいカフェのテラス 4 テラスのビューポイント

とっておきのスイーツ

ビューポイントのテラスもあるカフェも併設。地元醸造とコラボしたフードなどが楽しめる

雪山パンケーキ各1500円~

☆★彡☆★彡☆★彡☆★彡☆★彡☆★彡☆★彡☆★彡☆★彡☆★彡☆★彡☆★彡

ゴンドラに乗って爽やかな風に癒される

苗場スキー場 なえばスキーじょう

夏はゲレンデを活用し、自然を生かしたサマーアクティビティが楽しめるスキー場。標高1518mのNaeba天空テラスからは雄大な山々が望める。

📞025-789-4117
🏠湯沢町三国 🕐施設により異なる 🈺夏季は7月中旬~8月営業、期間中無休（イベント開催時を除く）🅿あり ‼JR越後湯沢駅から車で25分
MAP付録① B-3

1 夏は標高1518mの山頂テラスで雨上がりの虹を眼下に 2 デッキの上で揺れる炎を眺めながら会話も弾む、たき火体験も人気 3 北米スタイルの本格的なグリルで調理する、手ぶらでBBQも楽しめる

絶景の空中散歩を

全長約5.5km、標高差430mをアップダウンしながら進むドラゴンドラ

￥春季2800円、秋季3800円

10月の紅葉が特に美しい

Snow Peak HEADQUARTERSでは、多彩なアウトドアグッズがレンタルできるので、購入前に使用感を確かめることができます。

ちょっと気になる新潟／注目のアウトドアスポットへ

25

地元で人気の農園レストランで
新潟のおいしい旬をいただきます

米どころ、酒どころとして知られる新潟には
地場産野菜にそば、ブランド肉など、おいしいものが目白押し。
自家生産の食材で料理する人気の農園レストランをご紹介します。

1肉か魚のメインに、野菜中心の小鉢が付くトネリコランチ 2店内からは田園風景が一望 3米粉のシフォンケーキ605円

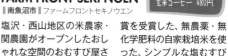

1青々とした初夏も雪景色の冬も美しい、南魚沼の田園風景を目の前に眺めながら味わえる 2土鍋炊き塩むすびセット1480円 3地元産の木の温もりある店内。1階にショップも併設

野菜ソムリエ考案の
ヘルシーなおかず

農園のカフェ厨房TONERIKO

‖新潟市‖のうえんのカフェちゅうぼうトネリコ

マルシェやデリカ、農園などがある「そら野テラス」の中のレストラン。ランチやカレーなど、野菜ソムリエによる旬の野菜を使ったメニューが豊富で、地場野菜や自家栽培米のおいしさが堪能できる。

menu
トネリコランチ
1320円〜

カフェレストラン ☎0256-78-7515 ⌂新潟市西蒲区下山1320-1そら野テラス内 ⏰10:00〜16:00(閉店は17:00) 休火曜 Pあり ‼JR越後曽根駅から車で5分 MAP付録④ A-2

塩沢産コシヒカリの
塩むすび専門店

FARM FRONT SEKI NOEN

‖南魚沼市‖ファームフロントセキノウエン

塩沢・西山地区の米農家・関農園がオープンしたおしゃれな空間のおむすび屋さん。国際大会で6年連続金賞を受賞した、無農薬・無化学肥料の自家栽培米を使った、シンプルな塩むすびのみというこだわり。

menu
土鍋炊き塩むすび
1個350円
玄米コーヒー 480円

おむすび屋 ☎025-775-7979 ⌂南魚沼市関972-4 ⏰9:30〜16:00(閉店は16:30) 休月曜(祝日の場合は翌日休) Pあり ‼JR石打駅から徒歩11分 MAP付録② D-3

おいしいおみやげも忘れずに

農園レストランでは、自社の加工食品を販売するお店も。「FARM FRONT SEKI NOEN」の玄米コーヒーや「ラ・トラットリアエストルト」のトマトドレッシングなど、おみやげにすると喜ばれそう。

1フレッシュトマトとモッツァレラチーズのピザ1749円、農場野菜サラダ385円 **2**3〜5月頃までは越後姫のデザート盛り合わせが人気 **3**宮大工が手がけた天然木の建物

1日替わりスペシャルステーキランチ2670円。値段は日によって変動 **2**弥彦山と多宝山を見渡す風光明媚な場所にある **3**新潟らしい田園風景が眺められる

朝採れ野菜たっぷりの新鮮サラダがおいしい

ラ・トラットリアエストルト

‖ 新潟市 ‖

menu
12種農場野菜サラダ 429円〜
本日のピザ 1749円

新潟県のエコファーマー認定を受けるタカギ農場直営。メニューには、減農薬＆減化学肥料にこだわって作る

自社栽培の朝採れ野菜がたっぷり。ランチのみの営業で、平日でも行列ができるほどの人気。

洋食 ☎025-259-8000 ⌂新潟市北区新崎2757 🕐11:00〜14:00(閉店は15:00) 休火曜(祝日の場合は営業、月1回連休あり) Pあり ‼JR新崎駅から徒歩20分 MAP付録④ C-1

新潟米を食べて育った岩室牛の上ステーキ

La Bistecca

‖ 新潟市 ‖ ラビステッカ

menu
日替わりスペシャル
ステーキランチ 2670円
お昼の彩り御膳 3300円

イタリア語で「ビーフステーキ」を意味するビステッカ。その名のとおり、自社牧場で育てた岩室牛を使った

ステーキメニューがメインの店。お米や稲わらで育てた岩室牛は脂身が白く、肉の旨みが強いのが特徴。

ステーキ ☎0256-77-8677 ⌂新潟市西蒲区橋本259 🕐11:00〜14:00(木・金・土・日曜、祝日はディナーもあり17:30〜20:00) 休水曜(祝日の場合、翌平日休) Pあり ‼JR岩室駅から車で8分 MAP79

La Bisteccaでは、地元産の牛乳や果物で作る「ジェラテリアレガーロ」MAP79のジェラートが食べられます。

お気に入りの１本が見つかるかも 新潟ワインコーストでワイナリーめぐり

酒どころとして有名な新潟は、ワインもおいしいことをご存じですか？
新潟市西蒲区の海岸地帯にある「新潟ワインコースト」は、
複数のワイナリーやレストラン、スパやホテルを備えたワインリゾートです。

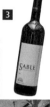

1
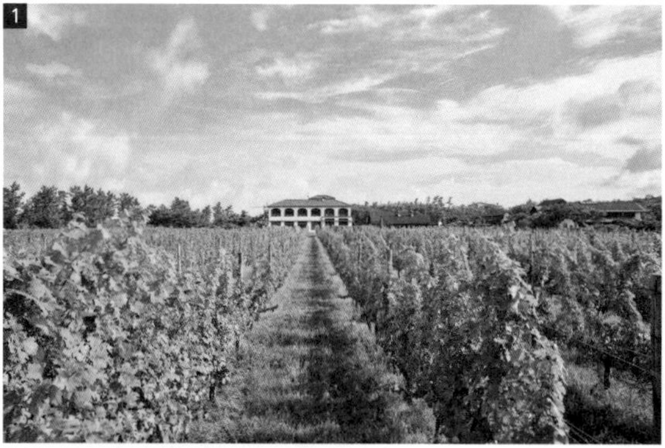
2
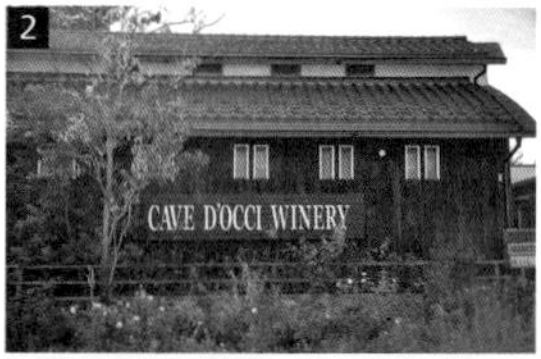

3
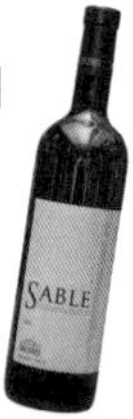

4
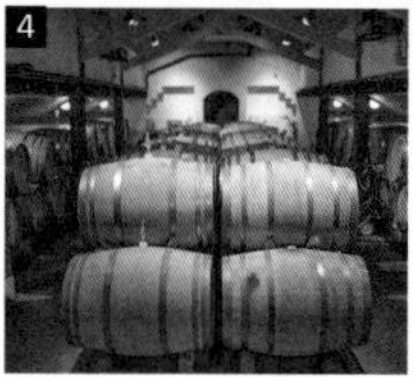
5
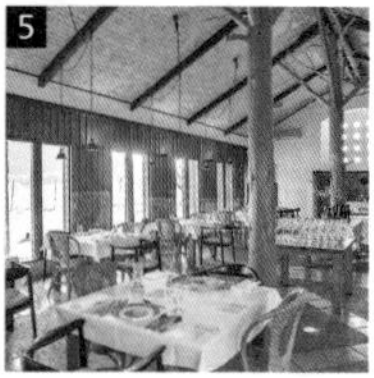
6
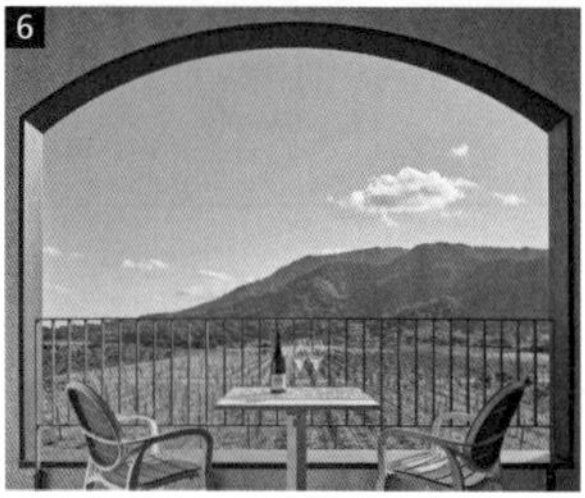
7
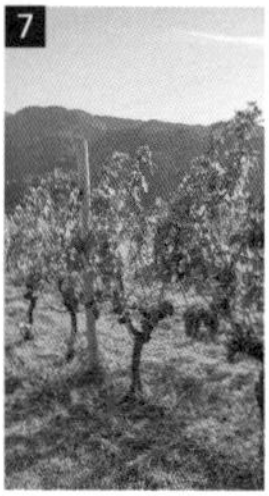
8
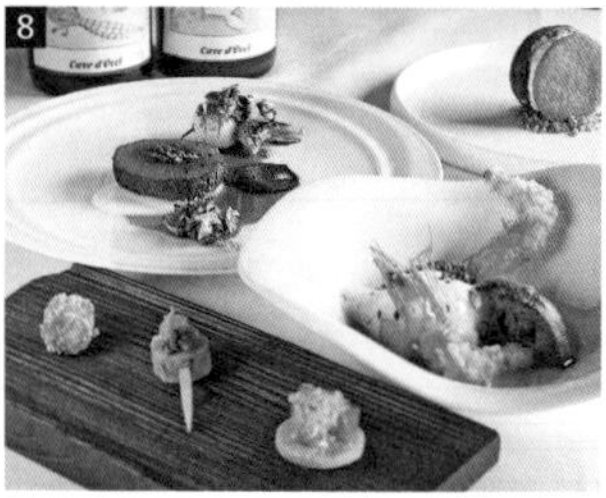

1 2019年オープンのオーベルジュ「トラヴィーニュ」 2 新潟ワインコーストの草分け的存在 3 フラッグシップワインの「SABLE」6490円 4 ワイナリーツアーで見学できる樽熟成庫 5 レストラン「トラヴィーニュ」 6 ぶどう畑を見渡すオーベルジュのテラス 7 角田山の麓に広がるぶどう畑 8 トラヴィーニュで味わう本格フレンチ

本格フレンチが味わえるオーベルジュを併設

CAVE D' OCCI Winery

カーブドッチワイナリー

約2万坪の敷地にレストラン、カフェ、マルシェ、ベーカリー、オーベルジュ、温泉施設を備えた大規模ワイナリー。スペイン原産のアルバリーニョをはじめ、20種類以上のぶどうを栽培。試飲付きのワイナリーツアー(2200円)では、ぶどう畑や醸造室などを1時間かけて見学できる。

☎0256-77-2288 住新潟市西蒲区角田浜1661 営10:00～17:00(ワインショップ) 休無休 Pあり 交JR越後曽根駅から車で10分 MAP29

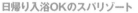

日帰り温泉も

源泉かけ流しの日帰り温泉で、宿泊も可能。スパを併設し、本格的なトリートメントが受けられる。

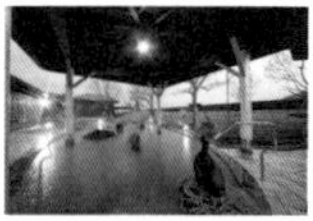
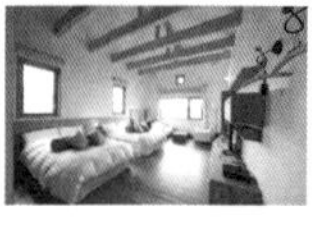

日帰り入浴OKのスパリゾート

VINESPA ヴィネスパ

☎0256-77-2226 営日帰り入浴7:00～22:00(曜日等により変動あり) ¥日帰り入浴1000円(曜日、時間により変動あり) 室和4 洋3 MAP29

P.29 Fermier ⑤
新潟市街
角田
P.28
CAVE D'OCCI
Winery
P.29 Cantina Zio Setto ⑤
P.29 Le CINQ Winery ⑤
P.28 VINESPA
P.29 Domaine Chaud ⑤
コミュニティ
センター
柏崎

新潟ワインコーストMAP
周辺図 ◎付録 4)
0   100m
1:12,000

5つのワイナリーが集まる「新潟ワインコースト」
カーブドッチワイナリーを中心に、Domaine Chaudド
メーヌ・ショオ MAP29とCantina Zio Settoカンティー
ナ・ジーオセット MAP29を加えた全5軒のワイナリーがあ
ります。いずれも歩いてすぐの距離です。

ちょっと気になる新潟／新潟ワインコーストでワイナリーめぐり

ぶどう畑を望むレストランを併設

Fermier フェルミエ

家族経営のブティックワイナリーで、エレガ
ントな香りの極上ワインはファンが多い。併
設レストランでは、ワインとのペアリングが
楽しめるフレンチのコース料理が味わえる。

☎0256-70-2646 🏠新潟市西蒲区越前浜4501
🕐10:00〜17:00（レストラン11:00〜15:30、ディナ
ーは要予約）🈹火曜（ほか不定休あり）🅿あり
🍴JR越後曽根駅から車で10分 MAP29

1ガーデンが美しいアプロー
チ 2試飲は200円〜
3エルマール アルバリーニョ
13200円
4創作フレンチが味わえる
レストラン
5ワイナリーツアーは試飲
付きで2750円

気軽に立ち寄って
試飲が楽しめる

Le CINQ Winery

ルサンクワイナリー

店名のルサンクとはフランス語
で数字の「5」という意味。新
潟ワインコースト5番目のワイ
ナリーとして2015年にオープ
ン。エレガントで繊細な香りの
ピノ・ノワールや、プラムを思わ
せる味わいのデラウェアなど、
赤白合わせて約10種類のワイ
ンを製造している。

☎0256-78-8490
🏠新潟市西蒲区角田浜1693
🕐10:00〜16:00 🈹水曜（ほか不定
休あり）🅿あり 🍴JR越後曽根駅か
ら車で10分 MAP29

1試飲は1杯200円 2水はけのよい
砂地の自社畑 32023ヴィンテージの
ピノ・ノワール5500円 4中南米にある
コテージをイメージした外観

新潟駅〜カーブドッチ間は無料シャトルバスが毎日運行。前日までにVINESPAに予約が必要です。

浴衣姿で温泉街をそぞろ歩き
湯上りさんぽが楽しい月岡温泉

「美人の湯」と親しまれるエメラルドグリーンの硫黄泉が評判の月岡温泉。
旅情あふれる温泉街での食べ歩きやおみやげ探しも楽しみのひとつです。
浴衣姿で温泉街をのんびり散策してみましょう。

1 ノスタルジックな風情が漂う温泉街
2 100%源泉掛け流しで楽しめる無料の
足湯施設「あしゆ湯足美」 3 TSUKIO
KA BREWERYのフルーティーなクラフト
ビールとボリューム満点のハンバーガー
4 紅茶がおいしいコトリカフェ 5 行灯が
連なる「月あかりの庭」

翡翠色のクラフトビール
TSUKIOKA BREWERY
ツキオカブリュワリー

温泉の色を表現したマスカット風
味のクラフトビールが人気。アル
コール度数も低いので、ビールが
苦手な人にもおすすめ。

ブリュワリー 📞0254-28-9161
🏠新発田市月岡温泉552-111 🕙10:00
〜16:00 🈵木曜
🅿あり 🍴バス停月
岡新湯前からすぐ
MAP 31

雑貨選びも楽しいカフェ
コトリカフェ

北欧テイストの小さなカフェで、
手作りの洋食ランチやスイーツが
評判。地元作家が手がけるかわい
いハンドメイド雑貨も販売。

カフェ 📞0254-20-7527 🏠新発田市
月岡温泉552-60 🕙10:00〜16:30
🈵水曜(ほか不定休
あり) 🅿あり 🍴バ
ス停月岡新湯前から
すぐ MAP 31

高級チョコレートをおみやげに
新潟ショコラ premium SWEET 甘
にいがたショコラプレミアムスイートあまみ

新潟県内で人気の高いショコラトリー
から、選りすぐりのチョコレートを集め
た専門店。チョコレートフォンデュの
無料試食も味わえる。

チョコレート 📞0254-32-1101
🏠新発田市月岡温泉287-1 🕙9:30〜18:00
🈵火・木曜 🅿なし 🍴バ
ス停月岡仲町からすぐ
MAP 31

温泉街のフォトジェニックスポット

和傘アートが飾られた「あしゆ湯足美」や、行灯が連なる「月あかりの庭」は日没後にライトアップされて幻想的です。

1「源泉の杜」の湯掛地蔵にお湯をかけて縁結び祈願 2季節や天候によってお湯の色が変化する 3吹きガラス体験ができる「手造りガラス工房びいどろ」 4「新潟甘味 和」のセルフ抹茶体験は和菓子付きで500円 5「新潟ショコラ 甘」ではチョコレートドリンクも販売 6湯上りさんぽが楽しい温泉街

泊まるならココ

こぢんまりとした老舗宿
広瀬館ひてんの音
ひろせかんひてんのね

1923(大正12)年創業。数寄屋造りの館内には、大浴場以外に露天風呂と室内風呂の貸切風呂があり、無料で利用できる。

📞0254-32-2421 🏠新発田市月岡温泉278-4 🕒IN15:00 OUT 10:00 🈳12 ¥1泊2食19800円～ Ｐあり 🚌バス停月岡旧湯前からすぐ MAP 31

ちょっと気になる新潟／湯上りさんぽが楽しい月岡温泉

かわいい和菓子が勢ぞろい
新潟甘味 premium WAGASHI 和
にいがたかんみプレミアムワガシなごみ

県内を中心に全国からセレクトした和菓子が豊富にそろう店。地元の老舗和菓子店とコラボした「わらび餅ドリンク」(500円)もおいしい。

和菓子 📞0254-32-1101
🏠新発田市月岡温泉544 🕒9:30～18:00 🈺火・木曜 Ｐなし 🚌バス停月岡仲町からすぐ MAP 31

ガラスアートを旅の思い出に
手造りガラス工房びいどろ
てづくりガラスこうぼうびいどろ

動物モチーフのカラフルなガラス細工やステンドグラスなど幅広いガラスアートを販売。トンボ玉制作や吹きガラス体験もできる。

ガラス工房 📞0254-32-2707
🏠新発田市月岡1109カリオンパーク内 🕒9:00～17:00 🈺水曜 Ｐあり 🚌バス停月岡新湯前から徒歩7分 MAP 31

月岡温泉MAP
上が北 周辺図 ●付録④
0 300m
1:30,000 新発田市

Ｓ手造りガラス工房びいどろ P.31
・カリオンパーク
Ｃコトリカフェ P.30
Ｒ TSUKIOKA BREWERY P.30
Ｓ新潟ショコラ premium SWEET 甘 P.30
・月あかりの庭
Ｓ新潟甘味 premium WAGASHI 和 P.31
・あしゆ湯足美
・源泉の杜
月岡駅
月岡温泉町
共同浴場 美人の泉
Ｈ広瀬館ひてんの音 P.31
新発田市
徒歩10分
290
公会堂

「premium」のショップは温泉街に全8店。6店舗まわってスタンプを集めると、全店で使用できる300円分の利用券がもらえます。

日本三大薬湯・松之山温泉のこだわりの宿をご紹介します

有馬温泉、草津温泉と並び「日本三大薬湯」と称される松之山温泉。
歴史のある昔ながらの老舗旅館が軒を連ねる温泉街には、
ワインと美食を楽しめる新しい宿も誕生しています。

1
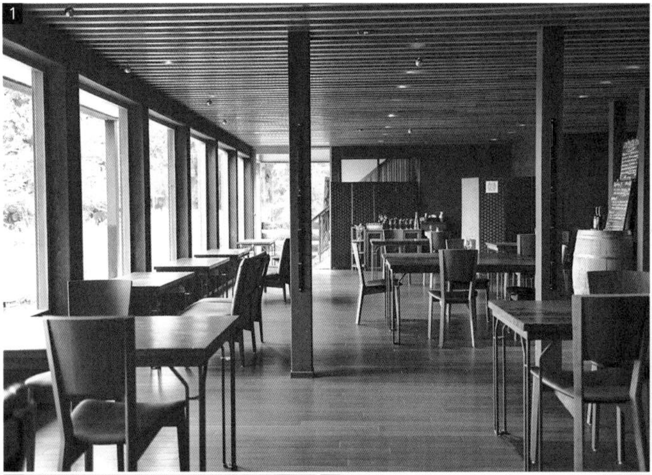

2
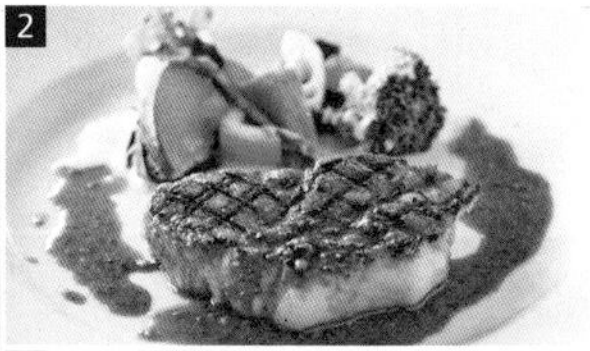

3
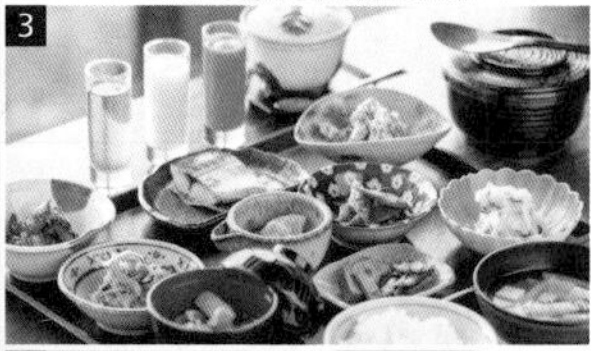

4
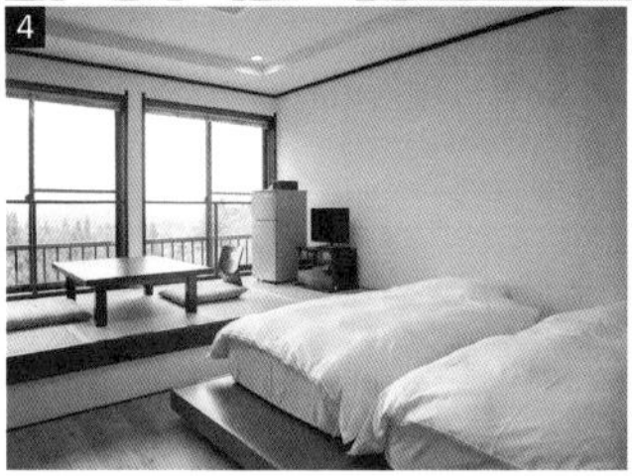

5
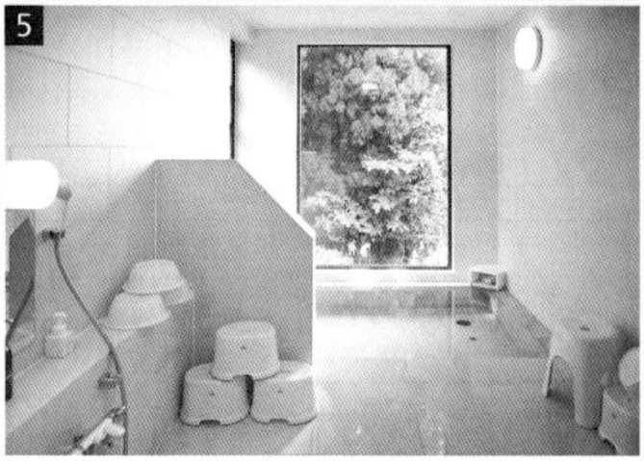

6
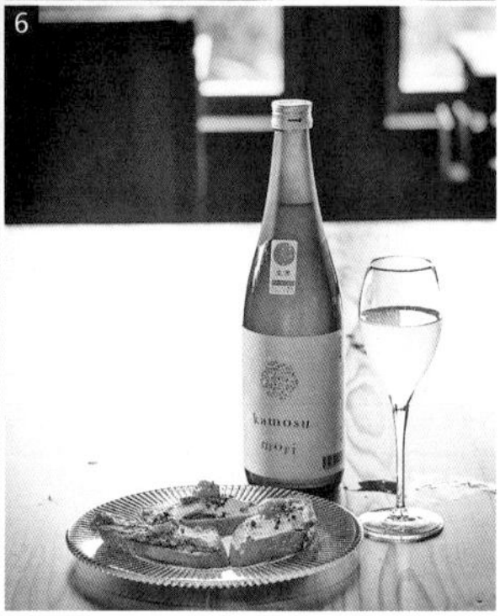

1山の景色を眺めながら食事ができるダイニング 2新潟食材を使ったコースディナーが評判 3地元のお母さんたちが作る品数豊富な朝食 4客室はスタンダードルーム（洋室）、貸切プライベート棟を含めて全9室 5松之山温泉「じょうもんの湯」の源泉を利用 6酒蔵と共同開発したオリジナル日本酒

大自然とともに料理とお酒を楽しんで

Hotel 醸す森〔kamosu mori〕 ホテルかもすもり

温泉街から車で10分ほどの山の中にたたずむ、バルを併設した温泉宿。2024年3月に3室を改装してリニューアルオープン。オーナーのソムリエが厳選したワインや日本酒が常時100種類以上そろい、ローカルガストロノミーな料理とともに味わえる。

☎025-596-2200 住十日町市松之山黒倉1879-4 時IN15:00～OUT～10:00 レストラン15:00～17:00、18:00～21:30 休月・火曜（変動あり） 室洋7、和洋2 Pあり 交北越急行ほくほく線まつだい駅から車で20分 MAP付録② B-2

料金プラン
1泊朝食付き10450円～
1泊2食付き17050円～
日本酒ペアリングプラン（1泊2食付き）22550円～

松之山温泉名物「湯治豚」が味わえる

ひなの宿 ちとせ

ひなのやどちとせ

雪国ならではの雪室野菜と
山菜を使った料理や温泉の
熱で調理した「湯治豚」な
ど、地物にこだわる里山料
理が評判の宿。館内はすべ
て畳敷きでリラックスでき
る。露天風呂、大浴場のほ
かに貸切風呂もある。

☎025-596-2525 ⛩十日町市
松之山湯本49-1 IN15:00
OUT10:00 室和23、和洋2、洋2、
露天風呂付き3 Pあり バス
停松之山温泉から徒歩4分
MAP 付録② C-2

❶棚田米や新潟地鶏など、地元食材たっぷ
りの夕食 ❷掘りごたつ付きの和室 ❸源泉
かけ流しの露天風呂「月見の湯」❹ランチで
人気の「湯治豚重定食」1550円。温泉熱で
低温真空調理したお肉は驚くほど柔らかい

料金プラン
1泊朝食付きプラン
12100円〜
湯治豚プラン
(1泊2食付き) 17600円〜

料金プラン
1泊2食付き
33000円〜
日本酒ペアリングプラン
40700円〜

❶露天風呂付きツイン「檜」の部屋な
ど、客室は全8室 ❷網取りの鴨ロース
トと長期熟成の日本酒のペアリング
❸「檜」の客室の露天風呂は総檜造
り ❹お酒や酒器がずらりと並ぶダイニ
ング。好みの味を伝えれば、若旦那が
お酒をセレクトしてくれる

ワインと地酒を楽しむ

酒の宿玉城屋

さけのやどたまきや

4代目若旦那はソムリエ&酒
匠（唎酒師の上位資格）の
資格を持つお酒のプロ。越
後の地酒をはじめ、厳選した
日本酒やワインをそろえて
おり、地場産食材を使ったフ
レンチディナーとのマリアー
ジュが楽しめる。

☎025-596-2057 ⛩十日町市
松之山湯本13 IN15:00 OUT
10:00 室洋2、露天風呂付き6
(うち和1、和洋3、洋2) Pあり
バス停松之山温泉から徒歩
4分 MAP 付録② C-2

酒の宿玉城屋では、新潟の食材を使ったシェフ特製オリジナルパウンドケーキも販売。

温もりあふれる工芸品や素朴な郷土菓子も
かわいいおみやげにほっこり

江戸時代から続く老舗のお菓子や、地域の暮らしに根ざした手作りの民芸品など
手に取ると思わず笑顔になってしまうような
かわいい見た目のお菓子や雑貨を集めてみました。

 笹団子がまるごと入った
上越名物のパン

小竹の笹だんごパン
1個216円

よもぎ風味が爽やかな笹だん
ごを丸ごと、上越産コシヒカリ
の米粉パンで包んだもちもち
食感。あんこは甘さひかえめ

 雪国・新潟生まれの
雪だるまクッキー

白銀サンタ 8個入り1166円

真っ白な雪だるま型のホロ
ホロ食感のクッキーの中に
は、甘酸っぱいフランボワー
ズソースが入っている

 和三盆糖で作られた
クレヨン型スイーツ

おいしい おえかき
1782円

上品な甘さの和三盆糖
に、柚子や抹茶などのフ
レーバーで彩りを加えた
ユニークな干菓子

 ひとつひとつ異なる
表情に愛着がわく工芸品

野鳥こけし 各1100円

雪深い松之山で育まれた素朴
な民芸品。地元の間伐材や羽
毛などを使い、農家のお母さん
たちが手作りしている

 小竹製菓 こたけせいか

1924（大正13）年創業。上越名物のサンドパンや笹だん
ごパン、和菓子など、地元で愛される商品が多い老舗。

📞025-524-7805 🏠上越市南高田町3-1 🕐9:00〜18:30
㊡月・日曜（月曜が祝日の場合は翌火曜休）Ⓟあり ‼えちごト
キめき鉄道南高田駅から徒歩3分 MAP付録② A-2

 越乃雪本舗大和屋 こしのゆきほんぽやまとや

長岡藩御用達の老舗で上質な和菓子はお茶席でよく使わ
れる。江戸時代から作り続ける落雁「越乃雪」が有名。

📞0258-35-3533 🏠長岡市柳原町3-3 🕐9:00〜17:30
㊡水・日曜 Ⓟあり ‼JR長岡駅から徒歩15分 MAP付録④ A-5

 ガトウ専科CoCoLo長岡店 ガトウせんかココロながおかてん

新潟らしい銘菓を製造販売する洋菓子ギフトの専門店。長
岡市のほか、新潟市や三条市など県内各所に店舗がある。

📞0258-86-1101 🏠長岡市城内町1-611-1 CoCoLo長岡内 1F
🕐8:00〜20:00 ㊡CoCoLo長岡の休館日に準ずる Ⓟあり
‼JR長岡駅からすぐ MAP付録④ A-5

 十一屋商店 じゅういちやしょうてん

名物のしんこ餅など松之山温泉の地元銘菓や銘酒、工芸
品、温泉コスメなど、幅広い商品を扱うおみやげ店。

📞025-596-3355 🏠十日町市松之山湯本9-1 🕐8:30〜18:30 ㊡不
定休 Ⓟなし ‼バス停松之山温泉から徒歩4分 MAP付録② C-2

トキをかたどった
新潟らしい玩具

新潟の紙ふうせん 440円
インテリアにも使えそうな趣のある紙風船は、出雲崎にある国内唯一の紙風船工房で製作

キュートなビジュアルの
進化系笹だんご

雪だるま 248円
魚沼産コシヒカリを使用したお餅の中には上品な甘さの粒あんがたっぷり。笹のさわやかな香りが鼻をくすぐる

阿賀野の民芸品を
モチーフにした最中

三角だるま 1個170円
高さ約10cmの円錐形の最中には、紫蘇を練り込んださわやかな白餡がたっぷり

伝統の手ぬぐいに
新潟の風景をデザイン

NIIGATA TENUGUI 各1210円〜
笹だんごやトキなど、新潟ならではの柄を描いたご当地手ぬぐい

hickory03travelers ヒッコリースリートラベラーズ

専属デザイナーによるオリジナル雑貨から昔ながらの名品まで、新潟ならではのアイテムをそろえるショップ。
📞025-228-5739 🏠新潟市中央区古町通三番町556
🕐11:00〜17:00(土曜は〜18:00) 🈂月曜(祝日の場合は翌日休)
Ⓟなし 🚌バス停白山公園前から徒歩4分 MAP付録③ B-2

御菓子司 最上屋 おかししもがみや

白鳥の飛来地として知られる阿賀野市の瓢湖に近い菓子店。和菓子のほか、最上ロールなどの洋菓子も作っている。
📞0250-62-2206 🏠阿賀野市中央町2-11-11 🕐8:30〜19:00
🈂不定休 Ⓟなし 🚌JR水原駅から徒歩10分 MAP付録④ C-2

ぼんしゅ館コンプレックス ぼんしゅかんコンプレックス

JR新潟駅ビル「CoCoLo新潟 WEST SIDE」の中にある店内には、定番菓子からローカル商品まで県内各地の特産品が並ぶ。
📞025-290-7332 🏠新潟市中央区花園1-1-1 CoCoLo新潟 WEST SIDE内 🕐9:00〜21:00 🈂CoCoLo新潟に準ずる Ⓟあり
🚌JR新潟駅直結(西口改札) MAP付録③ C-3

かめこんや

1748(寛延元)年創業。代々受け継がれてきた伝統技法を用い、今も職人の手で布を染め上げている。
📞0250-62-2175 🏠阿賀野市中央町2-11-6 🕐9:00〜18:00(土・日曜、祝日は〜17:00) 🈂不定休 Ⓟなし 🚌JR水原駅から徒歩11分 MAP付録④ C-2

松之山温泉の人気みやげ「野鳥こけし」は、トキやアカショウビンなど20種類ほどあります。

新潟産スパイスを使った
こだわりカレーをめしあがれ

ご飯とスパイスカレー2種、旬の野菜のおかずが付いたターリー（定食）スタイルのセット1350円。デザートとドリンク付き

ウコンづくりを続けて30年という農家さんとの出会いから、三条スパイス研究所がスタート。秋と春のウコン、ニンジンなどの干し野菜を使って、新潟らしいカレー作りをめざしている

魚沼産のインディカ米やスパイス、干し野菜をセットにしたビリヤニクックキット1620円。自宅で簡単にスパイシーなご飯が作れる

三条スパイス研究所
さんじょうスパイスけんきゅうじょ

木を多用したデザイン性の高い公共施設の中にあるカフェ。もっちりとした食感の三条産こしいぶきに合うように、独自にアレンジしたスパイス料理が楽しめる。スパイスも地元産を多く使うのがこだわり。

☎0256-47-0086 🏠三条市元町11-63
🕐9:30〜22:00 休水曜
Ｐあり ‼JR北三条駅からすぐ
MAP付録④ B-4

スパイス料理を作る際に重要な行程となる、テンパリングを行う

新潟タウン

日本海に面し、港町として栄えた新潟。
市内中心部は、昔ながらの町並みと
近代的な高層ビルが共存しています。
信濃川に架かる萬代橋を渡れば、
そこは花柳文化が今も息づく古町エリア。
この古町から新潟駅にかけて
おいしい地元素材を使った
地元グルメのお店が集まっています。

新潟タウンを
さくっと紹介します

駅周辺や萬代橋のたもとにあるショッピングエリア・万代シテイ、
花柳文化が残る古町が新潟タウンの主要エリア。
バスや自転車での移動が便利です。

石畳が続く
歴史香る旧中心部

白壁通り周辺 P.42
しらかべどおりしゅうへん

豪商屋敷などが立ち
並んだ石畳の通り。江
戸時代を思わせる古
風な町並みが広がる。

市美術館

白壁通り

マリンピア日本海

中央区役所

新潟大医学部

古町

新津記念館

古町モール

116

カミフル

新潟市役所

白山神社

白山公園

県政記念館

白山駅

ウォーターシャトル

昭和大橋

旅のスタートは新潟駅から

まずは
観光案内センターへ

JR新潟駅万代口に観光案内
センターがあります。観光に役
立つパンフレットもあるので、
手に入れておくと便利です。

バス乗り場

駅前のバスターミナルと万代
シテイのバスターミナルがメイ
ン。多くの路線が両方のターミ
ナルを経由します。

新潟市観光循環バス

市内中心部の見どころをめぐ
る循環バス。新潟駅を発着点と
して運行しています。
📫P.105

レンタサイクル

新潟駅前の万代口をはじめ、新
潟駅南口、白山駅、古町ルフル、
ラブラ万代など38か所で170
台の電動アシスト付き自転車が
レンタル可能。ドコモ・バイクシェ
アのアプリから登録するだけで
利用OK。また、市内約15か所
でシティサイクルが借りられる
にいがたレンタサイクルもある。

重たい荷物を預けて
手ぶらで観光

JR新潟駅万代口観光案内セ
ンターでは、手荷物を宿泊先へ
当日17:00までに配送するサ
ービスを行なっています。対象
のホテル・旅館は新潟市内38軒
（岩室温泉含む）、新発田市・月
岡温泉11軒、弥彦村・弥彦温泉
11軒、村上市・瀬波温泉9軒。受
付時間は9:00～11:00（新潟
市中央区内は12:00まで）で、
荷物1個につき1000円。手ぶ
らで新潟観光が楽しめて便利
なので、ぜひ利用してみて。
新潟市観光案内センター
📞025-241-7914

気鋭の店が並ぶ
人気の商店街

カミフル P.43

白山神社前の商店街。
ローカルデザインの店
などが集まり、ひと味違
ったみやげ物が探せる。

地元の人も集まる
新潟随一の繁華街
古町
ふるまち
古町モールを中心に、たくさんのショップや飲食店が集まっている。老舗グルメ店も多い。

新潟港

みなとぴあ🌸

朱鷺メッセ🌸

上が北
300m
1:30,000

113

柳都大橋

沼垂テラス商店街

沼垂テラス商店街🌸

萬代橋

會津八一記念館🌸

万代シティ

八千代橋

敦井美術館🌸

新潟駅周辺

越後線
上越新幹線 新潟駅

1車分

人気の
ショッピングエリア
万代シティ
ばんだいシテイ
デパートやホテルが集まる新潟の流行発信基地。人気のご当地グルメ店も数多く集まっている。

降雪時でも歩いてめぐれる
新潟駅周辺の歩道には、融雪するシステムを完備。雪が降ってもおおむねすぐに溶けるので、安心して街歩きが楽しめます。

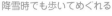

新潟タウンの
おしゃれエリア
沼垂テラス商店街
ぬったりテラスしょうてんがい   P.44
古い長屋をリノベートした店やカフェが並ぶ商店街。新潟最先端のおしゃれが集まる。

萬代橋にかけて
新潟グルメが充実
新潟駅周辺
にいがたえきしゅうへん
上越新幹線が停車する起点駅。駅周辺から萬代橋にかけての一帯はとくに店が林立。

新潟駅から万代シテイまでは、歩いて10分ほど。一帯は歩いてめぐるのが効率的です。

信濃川ウォーターシャトルで ゆらり水上さんぽ

日本海へと流れ込む雄大な信濃川。
河口から新潟ふるさと村まで、水上バスが結んでいます。
船上から市内観光してみるのもおもしろいですよ。

■信濃川を悠然と進むアナスタシア号 ■みなとのマルシェ ピア Bandaiでは、食材を買ってBBQも楽しめる ■写真映えすると話題のFOFO donut OWL the Bakeryではパンも販売 ■店内で焼くバームクーヘン店 BARREL COFFEE BAUMも人気 ■契約農家が持ち寄る野菜なども販売（■～■はみなとのマルシェ ピアBandai内のお店）

徒歩すぐ

1 水上から新潟タウンの街並みを眺めて

信濃川ウォーターシャトル しなのがわウォーターシャトル

手頃な料金で信濃川でのクルージングが楽しめると評判のウォーターシャトル。シャトル便のほか、周遊便や、ディナークルーズなどもある。

🚢 ☎025-227-5200 🏠新潟市中央区下大川前通二ノ町2230-33 🕐シャトル便10:00～・周遊便16:00、16:30、17:00、17:30 🈲無休(冬季は要予約) ¥シャトル便300～1100円・周遊便1500円～ Ⓟあり ‼万代シティ乗船場：新潟駅から徒歩15分(他5か所)※周遊便は朱鷺メッセ乗船場発着 MAP付録③ C-1

サンセットクルーズも運航

2 日本海最大級の旬鮮市場とお店が集まる

みなとのマルシェ ピアBandai みなとのマルシェピアバンダイ

海鮮や青果、肉、酒、さらにスイーツまで、新潟が誇る美味しい食がぎゅっと詰まった市場。ドーナツやバームクーヘンのお店、海鮮料理店が人気。

観光市場 ☎025-249-2560 (万代にぎわい創造) 🏠新潟市中央区万代島2 🕐9:00～21:00 (店舗により異なる) 🈲店舗により異なる Ⓟあり ‼バス停宮浦中学前からすぐ MAP付録③ C-2

BBQができるテラス

ぐるっと回って
4時間

12
10 ─ ─ 15
18
おすすめの時間帯

信濃川沿いの観光スポットをめぐる交通手段として便利なウォーターシャトル。朱鷺メッセと新潟ふるさと村の間を往復していて、信濃川沿いに発展した新潟タウンをのんびりと眺められます。

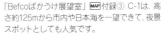

市内屈指のビュースポットへ

「Befcoばかうけ展望室」MAP付録③ C-1は、高さ約125mから市内や日本海を一望できて、夜景スポットとしても人気です。

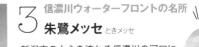

Befcoばかうけ展望室からの眺め

船で6分

---

3 信濃川ウォーターフロントの名所

朱鷺メッセ とき メッセ

街のシンボル的な存在です

新潟市の中心を流れる信濃川の河口にある、複合型コンベンション施設。展望室や美術館、展示ホール、ホテル、レストランなどが集まっている。

複合施設 ♦施設により異なる 🏠新潟市中央区万代島6-1 ⏰9:00～22:00（イベントにより異なる）。新潟県立万代島美術館は10:00～18:00、Befcoばかうけ展望室は8:00～22:00（金曜夜は一部貸切営業の場合あり）🈳施設により異なる Pあり ‼バス停朱鷺メッセからすぐ MAP付録③ C-1

新潟ゆかりの作家などを展示する新潟県立万代島美術館 MAP付録③ C-1

新潟タウン／信濃川で水上さんぽ

---

4 川沿いの爽やかなお散歩スポット

信濃川やすらぎ堤緑地 しなのがわやすらぎていりょくち

徒歩すぐ

日本一の長さを誇る信濃川。その河岸を整備して造られた水辺の空間は、市民の憩いの場。散策路やベンチがあるので、悠々と流れる川を眺めて、のんびりしてみて。

公園 🏠新潟市中央区一番堀通町地先 ⏰散策自由 Pなし ‼バス停礎町からすぐ MAP付録③ C-2

フォトスポットもある（設置場所は移動する場合あり）

川の両岸に緑地が続いている（写真は新潟市歴史博物館みなとぴあ周辺）

---

5 信濃川に架かる重要文化財

萬代橋
ばんだいばし

古町と万代シテイを結ぶ、信濃川に架かる萬代橋。現在の橋は3代目で、2019年に架橋90年を迎えた。2004年に国の重要文化財に指定された。

美しいアート形が特徴

橋 ♪025-244-2159（新潟国道事務所・調査課）🏠新潟市中央区下大川前通・川端町～万代間 ⏰見学自由 Pなし ‼バス停礎町からすぐ MAP付録③ C-2

夜のライトアップされた姿も美しい

信濃川ウォーターシャトルには、自転車と一緒に乗船（200円）できるので便利です。

レトロとおしゃれが調和した
古町と周辺をおさんぽ

カミフルと呼ばれる上古町商店街など、駅から少し離れた場所に繁華街が点在。
借りたステーションとは異なる場所へ返却できるレンタサイクルを使えば、
広い範囲を1日でめぐることができますよ。

1 江戸時代には牢屋敷などが並んでいた白壁通り
2 教会内部には、80年以上も現役のパイプオルガンがある 3 5 随所に銘木を使った堂々とした姿の旧齋藤家別邸 4 白壁通りには、新潟を代表する料亭の行形亭もある 6 創建は明治時代初期という歴史ある教会

フォトジェニックな石畳
白壁通り
しらかべどおり

旧齋藤家別邸や懐石料理店のある通り。白壁と石畳が続き、豪商屋敷や牢屋敷が集まっていた江戸時代を思わせる町並みを見られる。

通り ☐新潟市中央区西大畑町
⏰見学自由 ⓟあり 🚌バス停北方文化博物館新潟分館前(入口)からすぐ
MAP 付録③ B-1

繁栄を極めた歴史を実感
国指定名勝 旧齋藤家別邸
くにしていめいしょうきゅうさいとうけべってい

豪商・齋藤家4代目の喜十郎が、大正時代に別荘として建造した近代和風建築の秀作。滝や沢流れのある回遊式庭園も見もの。

歴史的建造物 📞025-210-8350 ☐新潟市中央区西大畑町576 ⏰9:30〜18:00(10〜3月は〜17:00) 🈺月曜(祝日の場合は翌日休)
¥300円 ⓟあり 🚌バス停北方文化博物館新潟分館前(入口)からすぐ MAP 付録③ A-1

和洋折衷の建築美
カトリック新潟教会
カトリックにいがたきょうかい

スイス人建築家が設計した和洋折衷の教会。1927(昭和2)年に献堂された魅力的な木造建築で、見事なステンドグラスがある。

教会 📞025-222-5024 ☐新潟市中央区東大畑通1番町656 ⏰9:00〜17:00(ミサ時間を除く) 🈺無休 ¥無料
ⓟあり 🚌バス停西大畑からすぐ
MAP 付録③ A-1

ぐるっと回って **4時間**

12
10　　　　15
18
おすすめの時間帯

白壁通りとカミフルまでは全長2kmほどと、歩くにはちょっと距離があります。新潟駅前から出発するなら駅前で自転車を借りて、カミフル周辺で返却しましょう。

ローカルデザインが集まるカミフル

白山神社の門前に続く上古町商店街、通称カミフル。気鋭のショップが軒を連ねていて、お店めぐりが楽しめます。

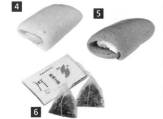

1234 昭和レトロなカミフル **3** 新潟出身の漫画家・水島新司氏作の『ドカベン』の像も通りに **4567** 金巻屋の入り口と、カミフルぽっぽ各162円(7・8月は販売休止) **6** hana*kikuの新潟土産324円 **8** 和雑貨が並ぶWa's StyleではバググッズのなかでTシャツ3000円などが人気

厳選した牛肉を使ったハンバーガーをランチに
KEN's BURGER
ケンズバーガー

カミフルにあるハンバーガーショップ。上質な牛肉を厳選したパティと天然酵母を使用したバンズが味わえる。

ハンバーガー ☎025-222-5500 ⌂新潟市中央区古町通3番町557-1 ⏰11:00〜18:00 ㊡火曜(祝日の場合は翌日休) Ｐなし ‼バス停白山公園前から徒歩5分 MAP付録③ B-2

新潟名物の進化系おやつ
金巻屋
かねまきや

明治時代創業の菓子舗。売れ筋は、下越地方の伝統菓子・ぽっぽ焼きをモチーフにしたクリーム入りの「カミフルぽっぽ」。食べ歩きにも最適。

菓子 ☎025-222-0202 ⌂新潟市中央区古町3番町650 ⏰9:00〜17:30 ㊡月曜 Ｐなし ‼バス停西堀通四番町から徒歩3分 MAP付録③ B-2

ハーブティーをおみやげに
hana*kiku
ハナキク

オリジナルブレンドを販売するハーブティー専門店。初心者が試しやすく、滞在先で飲むにもちょうどいいティーバッグタイプも扱う。

ハーブ雑貨 ☎025-223-7777 ⌂新潟市中央区古町通2番町532 ⏰11:00〜18:30(日曜、祝日は〜17:30) ㊡火曜 Ｐなし ‼バス停白山公園前から徒歩3分 MAP付録③ A-2

和柄の小物が豊富
Wa's Style
ワズスタイル

着物レンタルショップながら、店主が犬のパグ好きがこうじて、店内にはオリジナルのパググッズがたくさん。パグ愛好家の間で話題。

和雑貨 ☎025-228-0841 ⌂新潟市中央区古町通4番町645 ⏰13:00〜18:00(土・日曜、祝日は11:00〜) ㊡火・水曜 Ｐなし ‼バス停西堀通四番町から徒歩3分 MAP付録③ B-2

新潟タウン／古町と周辺をおさんぽ

徳川時代から京都の祇園と並んで全国に知られていた古町芸妓。最盛期には芸妓さんが400人以上いたそうです。

沼垂テラス商店街で
手仕事が光るクラフト探し

ぬったり

2010年頃から空き店舗がショップや工房に変わり始めた、
新潟タウンいちばんの注目エリアがこちら。
個性的なショップや工房、カフェめぐりを楽しんでみて。

■おしゃれな青い壁が沼垂テラスの目印になっているISANA ■ISANAで買える、刻印のできるホテルキー 1320円 ■ISANAの染め布を重ねたピアス3300円 ■喫茶室のおすすめはプリンセット930円 ■Ruruck Kitchenの沼ネコ焼230円〜。中身は10種類ある ■ショーウィンドウを見て歩くだけでも楽しい ■青人 窯で人気のカップ&ソーサー 5940円 ■金〜日曜は不定期で陶芸体験も受け付けている（4000円、要予約）

素朴な風合いの陶器
青人窯
あおとがま

新潟出身の店主が営む陶芸工房
兼ショップ。品のいい器や小物、ア
クセサリーが並ぶ。県内産の天然
の植物灰から作った釉薬を使う。

陶芸品 ☎090-2246-1687
🏠新潟市中央区沼垂東3-5-24
🕙10:00〜17:00 🈑月〜木曜 🅿なし
🍴バス停沼垂四ツ角からすぐ
MAP付録③ D-2

雑貨ギャラリーを併設
ISANA
イサナ

家具や染織雑貨を制作する工房
が運営する喫茶室。工房で生み出
された品々が使われていて、併設
のギャラリーで購入できる。

カフェ&雑貨 ☎080-6118-8130 🏠新
潟市中央区沼垂東3-5-22 🕙11:00〜
17:00 🈑火〜木曜
🅿なし 🍴バス停沼垂四ツ角からすぐ
MAP付録③ D-2

沼垂名物の沼ネコ焼を
Ruruck Kitchen
ルルックキッチン

郷土料理店で作られる日替わり惣菜
を販売。新潟県産コシヒカリの米粉
を使った、スイーツの沼ネコ焼が人
気を集めている。

惣菜&菓子 ☎025-384-4010（テラスオフ
ィス）🏠新潟市中央区沼垂東3-5-22
🕙10:30〜14:00、15:00〜18:30（曜日や時
期により変動あり）🈑月・日曜、祝日、第2・
4・5土曜 🅿あり 🍴バス停沼垂四ツ角か
らすぐ MAP付録③ D-2

■1 4 ニジイロワークスのブローチ1500円や本物のパ
ンで作られたアンポルテの雑貨440円〜が人気のひ
とつぼし雑貨店 2 (左)nemonの形がかわいいくる
みボタンピアス1210円〜 (右)くるみボタンイヤリン
グ1430円〜 3 とんぼ玉の見本が並ぶtaruhi glass
worksの店内 5 長屋が並ぶ商店街 6 やさしい風合
いが魅力のtaruhi glass worksのグラス2000円〜

県内外の作家による雑貨を
ひとつぼし雑貨店
ひとつぼしざっかてん

ここでしか出会えないオンリーワ
ンの商品を心がける雑貨店。ハン
ドメイド作家によるアクセサリー
やねこ雑貨などがそろっている。

雑貨 ☎025-384-4010(テラスオフィ
ス) 🏠新潟市中央区沼垂東3-5-22
🕘9:30〜日没 休無休 Ｐなし
🍴バス停沼垂四ツ角からすぐ
MAP付録③ D-2

甘過ぎないデザイン
nemon
ネモン

元服飾デザイナーの店主による、
ハンドメイドを中心としたデイリ
ーアクセサリーがそろう。コーディ
ネートしやすいデザインが好評。

アクセサリー ☎070-5027-3923
🏠新潟市中央区沼垂3-5-18
🕘10:00〜16:00 休水曜、不定休
Ｐなし 🍴バス停沼垂四ツ角からすぐ
MAP付録③ D-2

とんぼ玉が作れるショップ
taruhi glass works
タルヒグラスワークス

つららを意味する「垂氷」から名
付けたガラス製品のお店。雪のあ
る情景をイメージした作品が購入
できる。とんぼ玉作り体験も可能。

ガラス製品 ☎080-3389-0375
🏠新潟市中央区沼垂東3-5-17
🕘10:00〜18:00 休火曜(制作のため
水曜の場合あり) Ｐなし 🍴バス停沼
垂四ツ角からすぐ MAP付録③ D-2

沼垂テラス商店街では、毎月第1日曜に開かれる朝市(4〜11月8:00〜12:00)と冬市(12〜3月10:00〜14:00)も人気です。

コーヒー文化が根付いた
新潟市内の素敵なカフェ

古くから喫茶店が多く、コーヒーが身近という新潟タウン。
自家焙煎を行う名店も数多くあります。
味にも空間にもこだわったカフェを駅周辺や郊外に見つけました。

雪室でコーヒー豆を低温熟成させた雪室珈琲350円（税別）

常時約30種の自家焙煎コーヒーやスイーツがそろう

新潟ふるさと村で雪室珈琲を気軽に

GATARIBA

ガタリバ

新潟ふるさと村にある、新
潟県のアンテナショップ＆
カフェ。開放的な空間で、雪
室珈琲のほか、ご当地アイ
スを使ったもも太郎クリー
ムソーダ、新潟ならではの
スイーツなどが味わえる。
テイクアウトもできる。

吹き抜けの明るい空間が広がる店
内。錦鯉が泳ぐ日本庭園も見られる

📞025-230-3030（新潟ふるさと村ファイブワン いいね！新潟館）🏠新潟
市西区山田2307-1 新潟ふるさと村ファイブワン いいね！新潟館1階
🕐9:00〜16:00 🈂無休 🅿あり 🚃JR新潟駅から車で20分 🗺付録④ B-2

コーヒーとスイーツを古民家カフェで楽しむ

珈琲豆 山倉 江南区本店

こーひーまめやまくらこうなんくほんてん

香りも味も最上級のコーヒ
ー豆を自家焙煎して、新鮮な
状態で1杯ずつ淹れて提供
するコーヒー専門店。自家
製のスイーツも豊富で、多彩
な豆の販売も行なっている。
自家焙煎スペシャルティコ
ーヒー 100g702円〜。

隣の席が気にならない広々とした空
間も魅力

📞025-277-0254 🏠新潟市江南区西山520 🕐10:00〜18:00 🈂水
曜・第3木曜 🅿あり 🚃JR亀田駅から車で10分 🗺付録④ C-2

雪国の知恵で生まれた熟成豆

大量の雪を詰めた天然の冷蔵庫の雪室。低温と高湿度が維持されたこの環境で熟成されたコーヒー豆が新潟駅などで買えます。

濃厚なエスプレッソとクリーミーさがマッチ。表面に描かれるバロックラテ500円

デンマークの「PROLOGCOFFEE」も味わえる

新潟タウン／新潟市内の素敵なカフェ

バリスタが淹れる美しい本格ラテを

BAROQUE by SUZUKI COFFEE

バロックバイスズキコーヒー

新潟のコーヒーシーンを牽引する「SUZUKI COFFEE」が展開するカフェラテ専門店。複合施設「みなとのマルシェ ピアBandai」内にある。ミルクの甘みとコーヒーのコクと香りが調和した一杯を味わって。

常連客に人気のカウンターのほかソファ席もある

📞025-385-7010 🏠新潟市中央区万代島2-5 みなとのマルシェ ピアBandai内 🕐10:00〜18:30（1〜3月は〜18:00）㊡不定休 Ⓟあり 🚌バス停宮浦中学前からすぐ MAP付録③ C-2

北欧を思わせる店内でくつろぐ

編むと紡ぐ

あむとつむぐ

沼垂テラス商店街（☞P.44）の最奥に位置する、北欧テイストでまとめられたカフェ。豆の特徴を生かしたドリップコーヒーや、ミルクの甘さを感じるカフェラテが人気。コーヒーのお供には焼き菓子を。

クロックムッシュ 600円も人気

📞025-311-0511 🏠新潟市中央区沼垂東3-5-16 🕐10:00〜17:00（土・日曜、祝日は8:00〜）㊡火・水曜 Ⓟなし 🚌バス停沼垂四ツ角からすぐ MAP付録③ D-2

みなとのマルシェ ピアBandaiには、「SUZUKI COFFEE」系列の豆専門店もあります。

シンプルな料理だからこそわかる
新潟ブランド米をめしあがれ

新潟には「コシヒカリ」に代表されるおいしいお米がそろっています。
あつあつの釜炊きご飯や新潟発祥の丼ぶりなどで、
日本一と評されるお米のおいしさを味わってみましょう。

お米のおいしさを実感できる銅釜炊きごはん 白米と4種のおかず1089円

高評価のブランド米を炊きたてで
ぽんしゅ館 魚沼釜蔵 新潟店

‖新潟駅周辺‖ぽんしゅかんうおぬまかまくらにいがたてん

CoCoLo新潟 西館にある、朝食
から営業している食事処。南魚
沼産のコシヒカリを自分で炊く
銅釜炊きごはん 白米と4種のお
かずは、シンプルなおかずがお
米の味を際立たせる。

📞025-240-7092 🏠新潟市中央区花園1-96-47 CoCoLo新潟
メッツ館1F 🕐6:30〜10:00、11:00〜14:00、17:00〜22:00
㊡不定休 🅿あり ‖JR新潟駅構内 MAP付録③ C-3

食材の旨みを生かす和食の名店
炭火・かまど料理 竈

‖新潟市郊外‖すみびかまどりょうりかまど

手作りの味を大切にする和食
処。かまどで炊き上げるコシ
ヒカリは、岩室の契約農家か
ら直接仕入れる特別栽培米。
野菜は有機栽培のみで、料理
に使う水も天然水というこだ
わり。キングサーモンの味噌
漬けを炭火で焼いた、キング
サーモン味噌漬け焼き御膳が
ランチの人気メニュー。

📞025-278-3777 🏠新潟市中
央区出来島2-7-18 🕐11:00〜
13:30、17:30〜21:00 ㊡月曜、
第3日曜 🅿あり ‖JR関屋駅か
ら車で5分 MAP付録④ B-2

キングサーモン味噌漬け
焼き御膳1485円。おい
しいお米を食べられた地
元の人も驚く、かまど炊
きの味をしっかりと感じ
られる

炭火とかまどで
炊き上げる
おいしいごはん

新潟ブランド米カタログ

魚沼産
コシヒカリ
新潟県北東部、
破間川沿いの
山村で作られる
お米は日本一と
評判。

栃尾産
コシヒカリ
長岡東部の栃
尾の稲作は山
の斜面を切り
開いた棚田で
作られている。

神林村岩船産
コシヒカリ
新潟北部の肥
沃な大地と清
流で育った、低
農薬のお米。

下田村下田郷
コシヒカリ
三条市郊外の下
田郷の自然の中
で、化学肥料や農
薬を5割以下に抑
えて栽培。

新潟のお米がおいしい理由
信濃川や阿賀野川がはぐくんだ肥沃な土壌に加え、1日の寒暖の差が大きいことなど、新潟の気候風土は米作りに最適だといわれています。

具たっぷりのごちそうおにぎり

豚米 ‖古町‖
とんべい

キッチンカーとして人気だったお店が、カミフル ⇨P.43に移転してオープンしたおにぎり屋さん。大ぶりで具がたっぷりなのが特徴で、お米は県内柿崎産のもの。塩は県北部・村上の笹川流れのも、卵黄も県内産など、食材にこだわっている。14種の具を選んで、自分オリジナルの「ごちそうおにぎり」にできるのも魅力。もう一つの名物になっている、具だくさんの豚汁と一緒に味わって。

📞025-378-8850
🏠新潟市中央区古町通4-632 Ryutoビル1階 🕐11:00～21:00
㊡第1水曜 Ｐなし
🚌バス停西堀通四番町から徒歩3分 MAP付録③ B-2

いい筋子500円や卵黄×豚そぼろ400円など

ボリューム満点で食べ応えのあるひねもす定食

📞070-5567-7870
🏠新潟市中央区古町通3番町556
🕐12:00～17:00
㊡月・火曜
Ｐなし
🚌バス停白山公園前から徒歩5分
MAP付録③ B-2

香り高くヘルシーな玄米をおにぎりで

むすびや百 ‖古町周辺‖ ‖むすびやもも‖

おしゃれな店が並ぶカミフル(上古町商店街)にあるおにぎり専門店。無農薬&無肥料で育てた玄米を、土鍋に重石をのせ圧をかけて炊き上げたご飯を使っている。定番の具のほか、ふぐの子混ぜご飯などの変わり種も人気。大きなおにぎり2個に、新潟産の旬の野菜をふんだんに使った惣菜や漬物、味噌汁が付くひねもす定食が人気のランチメニュー。築100年の酒屋を使った店内も落ち着ける。

吉田産越匠米
おいしさの元であるアミノ酸を多く含んだ高級米。弥彦東部の吉田産。

魚沼産しおざわコシヒカリ
越後山脈と魚沼丘陵に囲まれた気候風土が旨みたっぷりのお米を作る。

斐太の里コシヒカリ妙高産
上越地方の妙高山系のミネラル豊富な雪解け水と肥沃な土壌で作った無農薬米。

高柳産じょんのびの里
棚田米をはさ掛け(自然乾燥)し、手間ひまかけて作られたお米。県南の柏崎の山間で栽培。

新潟には全国配送してくれるお米店もあるので、手軽に新潟産のお米をお取り寄せできます。

海鮮王国・新潟で出会える おいしい魚を使った寿司&丼

日本海の荒波にもまれた魚介たちと、全国屈指のおいしい米。
新潟で食に精通している人たちが通うお店は、
春夏秋冬、その時季いちばんおいしい魚が楽しめます。

新潟県内の参加店限定メニュー「極み」は、南蛮エビ・トロ・イクラも含めた地魚のにぎり寿司10貫で4400円

カウンターと小上がりのある1階店舗。2階には座敷がある

白身魚の高級魚
ノドグロの炙りは天然塩で

オリジナルの調味料にもこだわる名店

せかい鮨 ‖新潟駅周辺‖ せかいずし

県外からも常連客が訪れる人気店。極上のコシヒカリに加え、新潟オリジナルの南蛮エビ醤油や笹川流れの天然塩など調味料にもこだわる。天然塩で食べるノドグロ炙りは人気のネタ。ぜひ味わってみて。

☎025-244-2656 🏠新潟市中央区沼垂東4-8-34 ⏰11:00〜13:45、17:00〜20:30 🈺月・火曜 🅿あり
🚌バス停沼垂四ツ角から徒歩3分
MAP 付録③ D-2

こだわりの逸品

笹川流れ天然塩
笹川流れの海水を昔ながらに薪で焚いて作り上げた海水塩は、えぐみがなく、素材の味を引き立てる

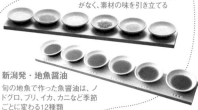

新潟発・地魚醤油
旬の地魚で作った魚醤油は、ノドグロ、ブリ、イカ、カニなど季節ごとに変わる12種類

新潟を代表する四季の旬ネタ

フナベタ
新潟でフナベタと呼ばれているのはタマガンゾウビラメ。新潟以外ではネタにすることは少ない。淡泊で繊細な味わい。

春

サクラマス
栄養分豊富な日本海で育ち、川に戻ってきたヤマメのこと。ほどよく脂がのった身は甘く、トロリとした食感で上品な味。

メジマグロ
6〜8月の佐渡沖で獲れるクロマグロの子どもを新潟ではメジマグロと呼ぶ。脂が少なめで上品な旨みがある。

夏

スルメイカ
夏の寿司ネタの定番。夏のスルメイカは身がやわらかく、適度な歯ごたえがある。新鮮なものほど甘みが強い。

だしで炊いたご飯に、鮭やいくらをのせた鮭親子わっぱ飯2000円

店内は囲炉裏席や個室もある

特産の鮭を郷土料理で味わえる
田舎家 ‖古町‖ いなかや

新潟の郷土料理の一つであるわっぱ飯を商標登録した元祖店。のどぐろやかに、南蛮えび、鮭、鶏肉、冬場のカキなどさまざまな素材のわっぱ飯があり、ほかほかが味わえる。さまざまな料理とわっぱ飯のお膳も人気。

♪025-223-1266 ⌂新潟市中央区古町通9番町1457 ⏰11:30〜13:30、17:00〜20:30 ㊡無休 Ｐあり ‼バス停古町から徒歩5分 MAP付録③ B-1

新潟タウン／おいしい魚を使った寿司＆丼

回転寿司店の常識を覆す実力店
佐渡廻転寿司弁慶 ピア万代店
‖万代島‖ さどかいてんずしべんけいピアばんだいてん

佐渡に本店をおく、大人気の回転寿司店。佐渡沖でとれた新鮮な魚が毎朝直送されていて、その日のうちにさばいて使うので、鮮度の良さは折り紙付き。米も佐渡産コシヒカリにこだわっている。

♪025-255-6000 ⌂新潟市中央区万代島2-4 みなとのマルシェ ピアBandai内
⏰10:30〜21:00 ㊡水曜 Ｐあり ‼バス停浦中学前から徒歩3分 MAP付録③ C-2

カウンターやテーブル席などがある広い店内

佐渡産は身の厚さに驚くあじ165円

皮目を軽く炙り香ばしさを出したのどぐろ605円

新潟で必食のネタのひとつ南蛮えび484円

秋

ハタハタ
秋田のしょっつる鍋で有名な魚だが、新潟県沖でも獲れる。体長20cmほどで、白身であっさりした上品な味ながら、食感はしっかり。

ヤナギガレイ
カレイの中で最も美味と言われている高級カレイの代表格で、上品で淡泊な味わい。秋から初冬にかけてが旬。

冬

ノドグロ
水深100m以上の深海に棲み、体は赤いが口の中が黒いため、この名が付いた。白身だが脂がのっておいしい。

南蛮エビ
一般には甘エビの名で知られるが、唐辛子に似ている姿から新潟では南蛮エビと呼ばれる。ねっとりと甘く濃厚な味わい。

新潟すし三昧「極み」のウェブサイト（http://www.sushi-kiwami.com）では、人気寿司店の情報が入手できます。

魚介や野菜がおいしい
上質なフレンチ&イタリアン

新鮮なシーフードや地場産の野菜を使った、
お店のこだわりが行き届いたレストランをご紹介します。
季節感たっぷりの料理が、おなかも心も満たしてくれます。

新鮮&上質な新潟の魚介をフレンチで

オーベルジュ古町

‖古町周辺‖ ◉オーベルジュふるまち

白山公園に近い古町通りで、開店36年ほどになるフランス料理店。日本海の旬の魚介を中心に、村上牛やフランス産の食材などをふんだんに使った、こだわりのフレンチが味わえる。

☎025-228-5242 🏠新潟市中央区古町通2番町669-2 ダイアパレス古町1F ⏰11:00〜13:30、17:30〜20:30（夜は前日16:00までの要予約）休火曜、第1月曜（祝日の場合は翌日休）🅿あり
‼バス停白山公園前から徒歩3分 MAP付録③ A-2

menu
ランチ（Aコース）
2500円〜
ディナー（Aコース）
5000円〜（予約制）

1 ディナーのコースでは、素材の味を生かしたモダンなフレンチが味わえる **2** 日本海で獲れた新鮮な魚介を使う **3** 広々とした店内でじっくりと食事が楽しめる **4** すっきりとした外観

menu
ディナーコース
5280円〜

黒毛和牛ステーキコース
9500円

1 赤い扉が目印の外観 **2** 自家栽培のレモングラスやミントをたっぷり入れたハーブティー **3** ビストロをイメージした内観 **4** クレームブリュレと季節のソルベ **5** 人気のAランチ4350円で楽しめる前菜盛り合わせ

フランスの片田舎にあるようなビストロ

モンドール

‖古町周辺‖

自家農園で作った新鮮な野菜やハーブ類をたっぷり使ったフレンチレストラン。フランスや東京で修業したオーナーシェフによる伝統的なフランス家庭料理を、リーズナブルに楽しめる。

☎025-229-9508 🏠新潟市中央区東堀前通5番町403 コア東堀1F ⏰11:30〜14:30、17:30〜21:30 休水・木曜（金曜はランチ休、夜は予約がおすすめ）🅿なし
‼バス停古町から徒歩10分
MAP付録③ B-2

新潟特産の野菜＆果物って何？
新潟で有名な野菜といえば、十全ナス、黒埼茶豆など。果物では、西洋ナシのル レクチェやイチゴの越後姫、佐渡のおけさ柿が有名です。

❶ゆったりとした店内は、シックで落ち着いた雰囲気 ❷モダンな外観 ❸季節感と素材の持ち味を大切にしたコース料理

気軽に楽しめるフレンチの名店

Quatre-Vingts

‖ 新潟駅周辺 ‖ キャトルヴァン

にぎやかなエリアにありながら、落ち着いた雰囲気の料理店。リーズナブルに手の込んだランチコースが楽しめる。地元食材をはじめ、素材にこだわるシェフが作り出す料理には、県外からのリピーターも多い。

📞025-255-0080 🏠新潟市中央区万代1-2-21 ロンドベル万代1F 🕐11:30〜14:30、17:00〜21:00（要予約）🈳水曜、火曜夜 🅿あり 🚻JR新潟駅から徒歩7分 MAP付録③ C-3

menu
本日のマルシェ
2400円

プレミアム
ランチコース
4850円

❶盛り付けも素晴らしいディナーコース料理（写真はイメージ）❷ジャズの生演奏が催されることも ❸本場さながらの開放的な雰囲気

menu
ディナーコース
5000円〜

予約制でゆったり楽しむ
記念日用レストラン

Gioia Mia

‖ 古町周辺 ‖ ジョイアミーア

イタリアンを中心としたコース料理と、厳選したワインが自慢のレストラン。結婚式の二次会などにも利用されるおしゃれな店内で、日によって生ライブやイベントを開催している。

📞025-224-2588 🏠新潟市中央区東堀通7番町1016-1 🕐完全予約制（3日前までに要予約）🈳無休（予約状況などにより変更あり）🅿あり 🚻バス停古町から徒歩3分 MAP付録③ B-2

食材に恵まれた新潟は料理も季節感たっぷり。旬の味を楽しみに、季節ごとに遠方から訪れるリピーターもいるそうです。

個性豊かな味わいの
ローカルごはんをいただきます

お米や日本酒、海鮮料理にくわえて、
県民が熱愛するローカルグルメもたくさん。
ランチにぴったりな品々をお届けします。

へぎそば

**駅にある名店で
ご当地そばを**

越後長岡小嶋屋

‖新潟駅周辺‖ えちごながおかこじまや

長岡市殿町に本店を構えるへぎそ
ばの名店の味が、新潟駅ビル内で味
わえる。へぎそばとタレかつ丼とのセ
ットなどメニューが豊富。

(上) へぎそばとタレかつ丼セット (小)
1969円 (下) 新幹線の出発ぎりぎりまで
過ごせる※2024年5/29新装オープン

📞025-384-4196 🏠新潟市中央区花園
1-1-1 CoCoLo新潟 WEST SIDE1階
🕐11:00 ～ 22:00 ㊡無休 Ｐあり
🍴JR新潟駅構内 MAP付録③ C-3

バスセンターのカレー

**朝から行列ができる
辛さもある奥深い味**

万代そば

‖万代シテイ‖ ばんだいそば

立ち食いそばスタンドながら、カレー
がテレビで紹介され行列店に。豚骨
スープでコクのある味に仕上げたカ
レーは、スパイシーな味わい。

(上) 普通カレー 530円 (下) バスセン
タービル1階にあり、立ち食いスタイル
のお店

📞025-246-6432 🏠新潟市中央区万代
1-6-1 バスセンタービル1階 🕐8:00～
19:00 ㊡無休 Ｐなし 🍴JR新潟駅から
徒歩10分 MAP付録③ C-2

タレカツ丼

**初代店主が考案した
元祖の味**

とんかつ太郎

‖古町‖ とんかつたろう

とんかつ定食やかつカレーなど、数
多くのメニューがあるなか、一番人気
は元祖として知られるタレカツ丼。甘
辛い醤油ダレが後を引く味わい。

(上) タレカツ丼1400円。薄く軽い食
感なのも魅力 (下) 1階はカウンター
席、2階は座敷がある

📞025-222-0097 🏠新潟市中央区古町通6
番町973 🕐11:30～14:30、17:00～材料が
なくなり次第閉店 ㊡水・木曜 Ｐなし
🍴バス停古町から徒歩5分 MAP付録③ B-2

へぎそばが盛られるのは、幅30cm、長さ50cmほどの「へぎ」と呼ばれる器。食べやすいよう、そばをひと口ずつ丸めて並べます。

新潟タウン／ローカルごはんをいただきます

イタリアン

**トマトソースと
焼きそばが共演**

みかづき 万代店

‖**万代シテイ**‖みかづきばんだいてん

看板メニューのイタリアンは元祖のトマトソースをはじめ、ホワイトソース、カレーソースなど常時7種類。テイクアウトもできる。

（上）太麺のソース焼きそばに特製トマトソースがかかったイタリアン400円
（下）バスセンター 2階にある

☎025-241-5928 🏠新潟市中央区万代
1-6-1 バスセンタービル2階 🕙10:00〜
19:50 🈂無休 🅿なし 🚻JR新潟駅から
徒歩10分 MAP付録③ C-2

半身揚げ

**カレー風味の
鶏の唐揚げ**

せきとり本店

‖**新潟市郊外**‖せきとりほんてん

1959（昭和34）年に鶏専門店として創業。カレー味の半身揚げや肉、皮、レバーと3種類そろう焼き鳥、半身の蒸し焼きなどが人気。

（上）鶏の半身にカレー粉をまぶして揚げた半身から揚げは時価（1000円前後）（下）庶民的な店構え

☎025-223-5934 🏠新潟市中央区窪田
町3-199 🕙16:30〜20:00 🈂月曜
🅿あり 🚻バス停寿小路から徒歩5分
MAP付録④ B-1

笹だんご

**笹の風味がいい
伝統菓子の代表格**

田中屋本店 みなと工房

‖**万代島周辺**‖たなかやほんてんみなとこうぼう

昔からの家庭の味を提供するため、伝統的な製法を守る和菓子店。市内各地に店舗があるなか、みなと工房では笹だんごの実演も見られる。

（上）つぶあん、こしあんのほか、茶豆あん、あらめなどもある笹だんご1個216円〜（下）実演販売の様子

☎025-225-8822 🏠新潟市中央区柳島
町1-2-3 🕙9:00〜18:00 🈂無休
🅿あり 🚻JR新潟駅から車で6分
MAP付録③ C-1

中越地区やその周辺の冠婚葬祭などでよく食されている、醤油おこわも新潟名物です。

多彩な郷土料理がそろった
新潟駅周辺の夜ごはんのお店

恵まれた食材を使った郷土料理を味わうのも、新潟での大きな楽しみです。
雪国に古くから伝わってきた料理もたくさんあります。
名酒ぞろいの日本酒とともに楽しんでみて。

個室で地味深い品々を

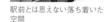

（上）根菜やきのこ、鮭などが入る具だくさんの郷土汁であるのっぺ汁660円（左）新潟を代表する地魚のおいしさをダイレクトに楽しめるのど黒の笹川塩焼き時価（4200円前後）

新潟駅前にある人気の郷土料理店

（上）一口大の寿司飯を笹に盛り、山の幸を中心とした具をのせた笹寿司649円（左）江戸時代後期から作られている岩船麩の新潟醤油まんじゅう鍋3069円

富來屋
ときや

新潟駅南口からすぐという好立地にある食事処。会席料理から一品料理まで多彩なメニューがそろっていて、越後もち豚を使ったしゃぶしゃぶも人気。全席が個室なのもうれしい。

📞025-246-7302
🏠新潟市中央区米山1-1-2
🕐11:30〜14:00、17:00〜22:00
㊡日曜（祝日の場合は翌日休）
Ⓟなし 🍴JR新潟駅から徒歩3分
MAP付録③ D-3

駅前とは思えない落ち着いた空間

越後番屋酒場
えちごばんやさかば

新潟や佐渡の郷土料理が充実した駅前の人気店。魚介や鍋料理のほか、独自にアレンジした郷土料理も楽しみ。照明が落とされた店内は、酒樽や古民家風などユニークな造りの席が並んでいる。

📞025-245-0011 🏠新潟市中央区弁天1-2-4 ホテルグローバルビュー新潟1階 🕐17:00〜23:00
㊡無休 Ⓟなし 🍴JR新潟駅からすぐ MAP付録③ C-3

大きな酒樽の中にテーブルと椅子がある個室

新潟タウン／新潟駅周辺の夜ごはんのお店

厳選された魚介と地酒を飲み比べ

（上）その日に仕入れた最上のネタを盛り込んだ、1日限定10人前の特選握り鮨匠3179円（右）〆張鶴雪や越乃寒梅など、各40mℓずつ越後の6銘柄が飲み比べできる利き酒6種越後めぐり1375円

葱ぼうず
ねぎぼうず

新潟駅前にある居酒屋。佐渡沖でとれた地魚の刺身や焼き魚、寿司、郷土料理など多彩なメニューがそろっている。新鮮な地魚が豪快に盛られた、特選お造り盛り合わせ1人前2728円〜も人気。

📞025-240-6363
🏠新潟市中央区笹口1-10-1
🕐11:30〜14:00、17:00〜23:00（金〜日曜、祝前日〜24:00）㊡無休
🅿なし ‼JR新潟駅からすぐ
MAP付録③ D-3

ご飯を炊く竈が目を引く店内。掘りごたつの席もある

創作地鶏料理と地酒のペアリングを

（上）越の鶏モモ肉の越後味噌漬け焼き1080円。2つの県内産食材がコラボしていて、日本酒に合う味わい。左はさつま地鶏のきざみワサビ和え1000円（左）店内各所に地酒の酒瓶が並ぶ

居酒屋ハツ
いざかやハツ

新潟駅南口近くにある、鶏料理と新潟地酒をメインとした居酒屋。県内産の越の鶏とさつま地鶏、国産鶏の3種の多彩な部位を使い分け。中華料理の経験を生かし、店主のアイデアが光る品々も。

📞025-249-9481 🏠新潟市中央区笹口2-10-23 🕐17:00〜23:00（金・土曜は〜24:00）㊡不定休
🅿なし ‼JR新潟駅から徒歩5分
MAP付録③ D-3

靴を脱いで上がるため、足を延ばしてくつろげる

新潟北部の日本海に浮かぶ粟島には、魚と野菜を入れた汁に焼けた石を入れて仕上げる伝統食「わっぱ煮」があります。

新潟に来たら やっぱり楽しみたい越後の地酒

甘くてふっくらとしたお米や、おいしい天然水に恵まれた新潟では、
丹精込めて日本酒を造る酒蔵がたくさんあります。
唎酒や見学を通して、奥深いお酒の世界を楽しんでみましょう。

気軽に唎酒を楽しむ

111種の銘柄がずらりと並ぶ日本酒のマシーン。品名とあわせて酒の特徴が書かれている。コインを入れて好みのお酒のボタンを押すとおちょこに酒が注がれる

■酒の肴としてきゅうり100円と塩を用意。甘口や辛口の塩を舐めながら試飲を ❷お燗におすすめの銘柄用に、温められる機械もある。冬には熱燗で楽しんで（冬季のみ）

気に入ったお酒は購入もできます

2

新潟駅ビルで気軽に 日本酒を味くらべ

ぽんしゅ館 新潟駅店
‖新潟駅‖ぽんしゅかんにいがたえきてん

新潟の食や菓子、工芸などが集まるショップ。唎酒コーナーがあり、新潟県内の約90ある酒蔵の代表銘柄をすべて試飲できる。500円で5枚のコインを購入し、コインと引き換えに最大で5杯の日本酒が楽しめる。

📞025-240-7090 🏠新潟市中央区花園1-1-1 CoCoLo新潟 メッツ館 3F
🕐9:00～21:00 🈡無休 🅿あり
🍴JR新潟駅構内 🗺付録③ C-3

飲み比べを楽しんで

季節ごとの利き酒が楽しめる

海鮮ろばた 壱勢 新潟店
‖新潟駅周辺‖かいせんろばたいっせいにいがたてん

毎朝漁港から届き、店内の生け簀で生かした鮮魚を盛り込んだ磯盛りが自慢の居酒屋。全130席がある広々とした店内は、半個室や小上がり、カウンターと好みで選べる。

📞025-242-1200 🏠新潟市中央区東大通1-5-30
🕐17:00～23:00 🈡無休
🅿なし 🍴JR新潟駅から徒歩3分 🗺付録③ D-3

カウンター前には鮮魚が並ぶ

季節ごとに銘柄が変わる〆張鶴3種飲み比べセット1078円や磯盛り2人前2068円～

飲み比べて好みの味を

新潟の酒は淡麗辛口といわれますが、蔵元によって味も香りもさまざま。居酒屋では地酒の飲み比べができるところもあるので、お試しあれ。

〈 酒造見学を楽しむ 〉

見学のあとには、酒の特徴を聞きながら純米酒や甘酒のテイスティングが楽しめる。蔵をリノベーションしたギャラリーもある

こちらをおみやげに！
天然水仕込み純米酒
今代司
720ml 1375円

食中酒の代表銘柄。さらりとした口当たり

駅から好アクセスも魅力
今代司酒造
‖沼垂‖いまよつかさしゅぞう

1767（明和4）年創業の老舗酒蔵。醸造アルコールを添加しない全量純米仕込みにこだわる。毎日開催の見学ツアーでは、スタッフが醸造工程を案内してくれる。

📞025-245-0325 🏠新潟市中央区鏡が岡1-1 🕘9:00〜17:00 🈳無休 💴見学無料、テイスティングあり 🅿️あり 🚉JR新潟駅から徒歩15分 MAP付録③ D-3

昔ながらの製法を見学
宝山酒造
‖岩室‖たからやましゅぞう

「宝山」を代表銘柄とする酒蔵。1885（明治18）年の創業から変わらない、伝統的な酒造りを見学できる。醸造の裏話や蔵元おすすめの飲み方を教えてもらえるのも楽しい。

📞0256-82-2003 🏠新潟市西蒲区石瀬2953 🕘9:00〜11:30、13:00〜16:30（酒造見学は要予約）🈳不定休 💴見学無料 🅿️あり 🚉JR岩室駅から車で10分 MAP付録④ A-3

こちらをおみやげに！
ひと飲み酒
200ml 630円〜（純米酒）

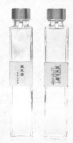

創業当初から使われている築130年以上の建物。見学後には、座敷で説明を聞きながら試飲ができ、流通前の新鮮な日本酒など7〜8種類が味わえる

新潟タウン／やっぱり楽しみたい越後の地酒

美肌効果も期待できる日本酒。宝山酒造の女将曰く、純米酒は化粧水としても使えるそう。

59

定番グルメからキュートなお菓子まで
新潟市内で買えるおいしいおみやげ

相手の顔を思い浮かべながらおみやげを選ぶのは、旅の楽しみのひとつ。
間違いなしの老舗の逸品や見た目もかわいい商品など、
新潟ならではのおみやげフードをセレクトしました。

妙高・上越地方で
常備される調味料

A

かんずり　864円(70g)
雪にさらした塩漬けの唐辛子に糀を加えて作る発酵食品。マイルドな辛さに柚子の風味が効いていて、麺類や鍋料理の薬味、焼肉のタレなど、料理のジャンルを問わず重宝する。

C

日本酒と酒粕が入った
チョコレートブラウニー

雪國れんが　1個194円
ぽんしゅ館のオリジナル商品で、No.1の人気を誇るブラウニー。生地に練り込んだ魚沼産の清酒と酒粕が、ほんのり苦味のあるチョコレートの豊かな風味を引き立てている。

やさしい色合いと
味わいの新潟銘菓

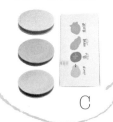

C

にいがた季寄せ　1箱4枚入り1058円
越後姫やおけさ柿、ルレクチェなど、特色ある新潟の4種類の果物で作られた羊羹を最中種でサンド。

B

江戸時代から続く
佐渡のお茶づくり

佐渡番茶　各518円
佐渡では番茶といえば、ほうじ茶のこと。苦みが少なく、甘みのあるすっきりとした味わいが特徴。トキやたらい舟など、佐渡のアイコンを描いたパッケージも印象的。

小千谷の
風景が描かれた
キュートな
おかき

C

おぢやおかき　各346円
錦鯉や小千谷風船一揆など、小千谷の名物がパッケージに描かれたおかき。カレーや海老味など全8種ある。

新潟ならではの
ごはんのおとも

E

さけ茶漬　1458円
鮭の身をフレーク状にした加工食品で、あつあつのごはんにのせたり、お茶漬けにして食べると箸が止まらなくなる。おにぎりの具としても使える新潟みやげの定番。

浮き星の食べ方は？
そのまま食べてもおいしいですが、お湯やお茶、紅茶や牛乳に入れるのがおすすめ。飲み物に入れると、下からぷかぷかと浮いてくる様子がかわいいですよ。

素朴な米菓子が
新潟みやげの新定番に

新潟産のお米を
おしゃれなおみやげに

新潟のお結び　各1980円
新潟産コシヒカリ3合を新潟の伝統的な手ぬぐいでおむすび型に包んだかわいいギフト。手ぬぐいは、270年の歴史を誇る藤岡染工場で染めたもの。

浮き星　702円
もち米(あられ)に砂糖蜜をかけた浮き星は、新潟で115年続く伝統のお菓子。中身はシュガー、柚子、いちご、コーヒー、抹茶の5種類。そのままでも、お湯を注いで味わっても。

異国情緒あふれる
レトロなパッケージ

「食べる日本酒」体験
新スイーツがお目見え

マトリョーシカ化粧箱　1690円
ロシアの職人から伝授された味を今に伝えるロシアチョコ専門店。ロシア風クリームやナッツ、ドライフルーツなどをチョコレートで包んだ10種類の個装チョコが入っている。

テリーヌショコラKAORU　400円
純米大吟醸原酒と純米吟醸酒粕を使ったテリーヌ。後味にふわりと芳醇さをまとった、しっかり濃厚なビターショコラ味。アルコール分2.3%。

A ぽんしゅ館 新潟駅店
ぽんしゅかんにいがたえきてん　🗺P.58

B hickory03travelers
ヒッコリースリートラベラーズ　🗺P.35

C ぽんしゅ館コンプレックス
ぽんしゅかんコンプレックス　🗺P.35

D 酒菓子 升升一升
さけがしますますいっしょう

大胆なまでにふんだんに日本酒を使った酒菓子の専門店。

〔酒菓子〕☎025-385-6203 🏠新潟市中央区花園1-1-1 CoCoLo新潟2F EAST SIDE 🕙10:00～20:30 🈔CoCoLo新潟に準ずる Ｐあり ‼新潟駅直結 MAP付録③ C-3

E 加島屋
かしまや

1855(安政2)年創業。さけ茶漬のほか、海産物を使った加工品が豊富。

〔食品〕☎0120-00-5050 🏠新潟市中央区東堀前通8-1367 🕙9:30～17:00 🈔日曜 Ｐあり ‼バス停古町から徒歩5分 MAP付録③ B-2

F ロシアチョコレートのマツヤ
ロシアチョコレートのマツヤ

日本では数少ないロシアチョコレートの専門店で、おみやげに人気。

〔チョコレート〕☎025-244-0255 🏠新潟市中央区幸西1-2-6 🕙10:00～18:00 🈔月・火・日曜、祝日(月曜が祝日の場合は営業) Ｐあり ‼JR新潟駅から徒歩15分 MAP付録③ B-3

新潟タウン／新潟市内で買えるおいしいおみやげ

JR新潟駅の駅ビル「CoCoLo新潟」は、県内のおみやげが豊富。時間に余裕を持って買い物しましょう。

新潟の糀ドリンクは種類が豊富です

毎日飲む糀「プレーン」
864円(500ml)

甘さ控えめでなめらかな口当たり。そのままでもジュースや牛乳に混ぜてもOK

神社エール
1080円(500ml)

高知県産の生姜のしぼり汁を加えてあり、すっきりした飲み心地

お米ののむヨーグルト
1080円(720ml)

新潟県の伝統漬物に由来する乳酸菌を使ったヨーグルト風ドリンク

糀・ほうじ茶
1350円(500ml)

ほうじ茶特有の香ばしさが糀の甘さに加わり、エスプレッソのよう

糀・蜂蜜れもん
1350円(500ml)

瀬戸内の完熟レモンとトチの蜂蜜をブレンド。さっぱりした味わい

細挽き玄米と糀の
美味しいあまざけ
1080円(500ml)

細挽き玄米粉を使ったなめらかな口当たりと香ばしい風味の玄米甘酒

サクラサク
1350円(500ml)

桜エキスとフランボワーズパウダーを配合。桃色が鮮やかな春限定商品

糀・柚子　一陽来福
1350円(500ml)

和歌山県産のさわやかな柚子果汁を加えた冬限定の糀ドリンク

白桃
1674円(500ml)

国産の桃果汁がたっぷり入った夏季限定の糀甘酒。とろりと濃厚な甘さ

糀の効能って？

多くの酵素やビタミン類を含み「飲む点滴」ともいわれる糀ドリンク。酵素は、腸の善玉菌を増やして腸内環境を整える働きがあり、美肌や免疫力アップに効果が期待できるそうですよ。

ココで買えます

ヘルシードリンクをテイクアウト
古町糀製造所 ふるまちこうじせいぞうしょ

国産のおいしい米糀を原料に使った、栄養価の高い糀ドリンクや糀アイスを製造販売。店頭ではテイクアウト用ドリンクもある。

📞025-228-6570　🏠新潟市中央区古町通二番町533　🕙10:00〜17:00　🈲火曜　🅿なし　🚌バス停白山公園前から徒歩3分
MAP 付録③ B-2

抹茶の風味が薫る
糀抹茶

新潟の町や温泉

新潟には、名作『雪国』の舞台となった越後湯沢温泉や
越後の奥座敷といわれる岩室温泉など、
バラエティに富んだ温泉地が数多くあります。
人気の温泉地とその周辺の観光スポットへ
足をのばして出かけてみましょう。

新潟の町・温泉を
さくっと紹介します

南北に細長い新潟は、エリアによって町の雰囲気が異なります。
日本海の景色が美しい町、山里のなつかしい風景の町など、
その土地ならではの文化や郷土料理にも触れてみましょう。

旅のスタートは新幹線停車駅から

「月岡温泉」は電車&バスで

新潟駅から延びている白新線で20分ほどの豊栄駅が最寄り駅。
ここから月岡温泉旅館組合が運行しているシャトルバス（300
円）で20分ほどで到着します。

「弥彦・岩室温泉・寺泊」は燕三条駅が基点

燕三条駅から各地へ向かいます。弥彦はJR弥彦線で30分ほど。
岩室温泉は吉田駅でJR越後線に乗り換えて約30分。寺泊は、同
じく吉田駅でJR越後線上りに乗り換えておよそ40分です。

「十日町・松代、松之山温泉」は鉄道で

起点となるのは越後湯沢駅。十日町・松代方面へは六日町駅か
ら北越急行ほくほく線が運行。松之山温泉は北越急行ほくほく
線まつだい駅から路線バスでアクセスできます。

「村上・瀬波温泉」へはJR特急で50分

新潟駅からJR特急いなほを使えば、所要50分でダイレクトにア
クセスできます。村上駅前には観光案内所の「むらかみ旅なび
館」があり、旅の情報を入手できます。

「新発田」はJR羽越本線から向かう

新発田へは、新潟駅からJR白新線で40分ほどで到着。五十嵐邸
ガーデン⬅P.66や瓢湖⬅P.13の最寄り駅の水原駅へは、新発
田駅からJR羽越本線で約20分です。

「阿賀野川」へは鉄道でダイレクトアクセス

新潟駅からJR信越本線〜新津駅〜JR磐越西線と乗り継いで向か
います。阿賀野川ライン舟下りが発着する場所の最寄り駅は東下
条駅、麒麟山温泉などがある津川地区へは、津川駅が最寄りです。

「越後湯沢」は新幹線が停車してアクセス至便

このエリアの基点となるのは、上越新幹線が停車する越後湯沢
駅。徒歩圏内に温泉街が広がっているほか、山間の各地へ路線バ
スが運行。魚沼方面へはJR上越線を利用します。

浴衣姿が似合う
旅情あふれる温泉街
月岡温泉 P.30
つきおかおんせん

美人の湯と人気の温泉
地。レトロな通りにおしゃ
れなお店が並ぶ。

門前町さんぽと
温泉、魚介グルメを
弥彦・岩室温泉・寺泊 P.76
やひこ・いわむろおんせん・てらどまり

新潟タウンの南にあり、
彌彦神社の門前にはお
店が集まっている。

アート作品や絶景が
点在する山間部
十日町・松代、松之山温泉
とおかまち・まつだい・まつのやまおんせん P.32

越後湯沢の北側に広が
る山間エリア。大地の芸
術祭や名旅館が人気。

昔ながらの町屋と
海辺の温泉地
村上・瀬波温泉 P.68
むらかみ・せなみおんせん

武家町、町人町の風情
が色濃く残る村上。海辺
の瀬波温泉に滞在を。

上が北
0　　　　20km
1:1,500,000

佐渡島

七浦海岸

日本海

大野亀

粟島

新潟エリアをめぐるお得なきっぷ
県内のJR東日本指定エリア内の快速・普通
列車・普通車自由席が乗り放題になる、「えち
ごワンデーパス」1570円がお得です。

豪農の館と城下町を
めぐる旅へ
新発田周辺 P.66
しばたしゅうへん

城下町の面影を残す新
発田。周辺には豪農の
館などが点在。

山間を流れる
清流沿いに続く
阿賀野川 P.74
あがのがわ

西側へ下る阿賀野川沿
いに、見どころや温泉
宿が集まっている。

温泉や絶景など
山の楽しみが充実
越後湯沢 P.82
えちごゆざわ

首都圏にもっとも近い
エリア。フォトジェニック
な山岳風景も楽しみ。

村上
瀬波温泉
新発田
月岡温泉
阿賀野川
岩室温泉
弥彦
寺泊
十日町
松代
松之山温泉
越後湯沢
新潟空港
新潟港

▲八海山

新潟の町や温泉／さくっと紹介

JR磐越西線は、春～秋の土・日曜、祝日を中心にSL列車が1日1往復運行しています。

65

越後の歴史を感じる豪農の館を
じっくり見てまわりましょう

越後の豪農の繁栄が偲ばれる贅を尽くした館があります。
広々とした日本家屋と美しく手入れされた庭園など
古きよき時代に思いを馳せつつ、散策してみましょう。

1

❶広大な庭園のまば
ゆい緑の中で、結婚式
を挙げる人も多い
❷目でも楽しめる彩り
鮮やかな料理の数々
❸落ち着いて食事が
できる個室 **❹**格式あ
る門構え

豪農のお屋敷でいただく会席料理

五十嵐邸ガーデン ‖阿賀野‖いからしていガーデン

越後の豪農のひとつである、5000坪もの広大な敷地を誇る庄屋格の古民家。日本古来の建築美とオリエンタルな調度品が融合した和モダンな空間にガーデンレストランが併設されていて、本格的な会席料理がいただける。モダンで格式のある邸宅で庭園を眺めながら、趣向を凝らした料理を心ゆくまで味わって。

☎0250-63-2100 🏠阿賀野市金屋340-5
🕐11:00 〜 14:30、17:30 〜 20:30 🈳火曜 (祝日の場合は営業)
🅿あり ‖JR水原駅から車で10分 MAP付録④ D-2

食事や宿泊ができるところも

各地に点在する豪農の館は、リノベーションしてレストランや宿泊施設として利用されているところも数多くあります。

1 庭園や池、田んぼが広がる里山に建つ国指定重要文化財の建物 **2** 内部も見学できる **3** 雪に閉ざされた姿も美しい

豪雪地帯特有の豪壮な構えの屋敷

目黒邸 ‖魚沼‖めぐろてい

旧会津街道に面して建つ堂々とした建物は、1797（寛政9）年に建てられた豪農・目黒家の館。茅葺きの大屋根とそれを支える太い柱、梁などが豪雪地帯特有の農家の特徴が見られる。明治期建造の離れ屋敷も隣接している。

☎025-797-3220 🏠魚沼市須原892 🕐9:00〜16:00
🈖無休 🉐300円 🅿あり 🚻JR越後須原駅から徒歩5分
MAP付録④ B-6

◆ ◆ ◆ ◆ ◆ ◆ ◆ ◆ ◆ ◆ ◆ ◆ ◆ ◆ ◆ ◆

豪農の歴史を今に伝える

豪農の館 北方文化博物館（伊藤邸）

‖新潟市郊外‖ ごうのうのやかたほっぽうぶんかはくぶつかん（いとうてい）

越後屈指の豪農で大地主だった伊藤家の邸宅を博物館として公開。明治時代半ばに建てられた建物は、大座敷から眺める庭が素晴らしい。三角形の形をした茶室「三楽亭」などめずらしい建物もある。

☎025-385-2001 🏠新潟市江南区沢海2-15-25
🕐9:00〜17:00（12〜3月は〜16:30）
🈖火曜（4・5・10・11月を除く）🉐800円 🅿あり
🚻JR新津駅から車で10分 MAP付録④ C-2

1 座敷を囲む廊下では、柱で支えない「釣欄間」という贅を尽くした造りが見られる **2** 庭園では四季を通じてさまざまな花が咲く

1891（明治24）年に建てられた「三楽亭」。なかを覗くとすべて三角や菱型で作られている

豪農の館 北方文化博物館（伊藤邸）では、1日に4回、施設内をまわる無料のガイドツアー（約15分間）が行なわれています。

村上周辺から弁天島まで
夕日ラインを爽快ドライブ

雑貨屋さんや食事処など村上周辺のお店から
奇岩が続く日本海夕日ラインをひたすら走り、
弁天島まで行ってみましょう。

新しいデザインの漆器を提案
URUSHI OHTAKI ウルシオータキ

江戸時代から続く「村上木彫堆朱(むらかみきぼりついしゅ)」という
技法をベースに、暮らしに密着した「心を温
める器」がコンセプトの漆工芸品を自家製
造し販売している。はし漆塗り体験も1200
円で行なっている。

[工芸品] ♪0254-52-6988 ⌂村上市上片町2-32
🕘9:00～18:00 ㊡第2日曜 ℗あり 🚃JR村上駅
から車で10分 [MAP]68

オリジナル商品が所狭しと並ぶ店内

コンビネーション・プレ
ート4200円

海の恵みを味わう贅沢ランチ
海鮮処 番屋 かいせんどころばんや

定番の番屋定食に加え、ちらし海鮮丼
をはじめとした丼ぶりメニューも多くそ
ろう。塩引鮭定食は鮭のふるさとで
ある村上ならではの人気メニュー。季
節によって旬のメニューが変わるので
チェックしてみて。

[海鮮料理] ♪0254-53-5352 ⌂村上市瀬波
温泉3-6-38 岩船港鮮魚センター2F 🕘10:00
～16:00 ㊡不定休 ℗あり 🚃JR村上駅から
車で10分 [MAP]68

お米が
隠れるほど
具だくさん

さまざまな海の幸がのったちらし海鮮丼は2200円

魚介の鮮度が魅力の鮮魚店
岩船港鮮魚センター
いわふねこうせんぎょセンター

岩船漁港に揚がったばかりの新
鮮な日本海の恵みが多く並ぶ。
獲れたての魚介のほか、こだわ
りの手作り干物や各種珍味、村
上名物の鮭の味噌漬けなどが豊
富にそろうので、おみやげ選び
に立ち寄ってみて。

[鮮魚センター] ♪0254-52-1261 ⌂村上市瀬波
温泉3-6-38 🕘8:30～17:00 ㊡不定休
℗あり 🚃JR村上駅から車で10分 [MAP]68

広々とした店内でさまざ
まな海産物を扱う

[周辺図 ●付録①]

上が北
1:600,000
0   5km

あつみ おんせん ▲鶴岡
あつみせん
あつみ
こいわがわ

ゴール
ねずがせき
弁天島 P.69
ふや
がつぎ

山形県
鶴岡市

車で15分

えちごかんがわ
345

salt&café P.69

笹川流れ P.69
いまがわ
道の駅 P.69
くわがわ
345

大沢峠の石畳
・葡萄峠
笹川流れ「夕日会館」

海里 P.14
345
新保岳

7 新潟県
村上市

えちごせきやま
早咲田
朝日
羽越本線
まじま

スタート
P.68
URUSHI OHTAKI
岩船港鮮魚センター
P.68
瀬波
むらかみ
海鮮処 番屋 P.68
●新潟

ぐるっと回って
🚗 **120分**

12
9 — 15
17
おすすめの時間帯

笹川流れなど日本海の海岸沿いをドライブして、山形県との県境まで行くコースです。数々の奇岩が織りなす自然美を眺めながら、のんびり進みましょう。途中で塩作りが見られるカフェに立ち寄ってひと息ついて。

笹川流れの名前の由来
美しい景色を見ることのできる笹川流れは、盛り上がるように流れる潮流から名前が付いたと言われています。

新潟県最北端の道の駅

日本百景にも選定された景勝地

笹川流れ ささがわながれ

奇岩や白浜の美しい景色が続く笹川流れ。より楽しむなら、遊覧船で海上へ。潮風に吹かれながら過ごす40分の船旅は、感動の連続。

遊覧船 📞0254-79-2154（笹川流れ観光汽船）🏠村上市桑川975-44 🕘遊覧船は9:00～16:00（3月27日～11月24日）、30～40分間隔の不定期運行 🈳期間中の海上悪天候時 💴1500円 🅿あり
‼JR桑川駅から徒歩15分 MAP 68

笹川流れの情報はここでチェック

道の駅 笹川流れ「夕日会館」

みちのえきささがわながれゆうひかいかん

JR桑川駅に併設されている、全国的にめずらしい道の駅。サンセットブリッジの展望台からは、佐渡島や粟島、夕日が眺められる。

道の駅 📞0254-79-2017 🏠村上市桑川891-1 🕘9:00～17:30（時期により異なる）、レストラン11:00～17:30 🈳最終水曜（変動あり、11～3月は水曜）🅿あり
‼JR桑川駅からすぐ MAP 68

国の名勝と天然記念物に指定されています

不思議な形の岩が連続している

テラス席の隣にはすぐ海が広がる

塩工房が併設するカフェ

salt&café ソルトアンドカフェ

笹川流れの海水から作る塩を使ったメニューが食べられるカフェ。併設している塩工房では、塩作りを目の前で見ることができる。

カフェ 📞0254-78-2468
🏠村上市脇川1008-1 🕘10:00～16:00（食事は11:00～14:30）🈳4月下旬～11月上旬営業、期間中木曜休（工房は通年営業、木曜休）🅿あり ‼JR越後寒川駅から徒歩20分 MAP 68

玉藻塩がかかった塩ソフトクリーム400円

日本海を眺める絶景スポット

弁天島 べんてんじま

灯台周辺の自然公園から見る景色が素晴らしい。晴れていれば、遠くに粟島を望める。灯台は近年「恋する灯台」に認定された。

自然 📞0235-43-3547（あつみ観光協会）🏠山形県鶴岡市鼠ヶ関 🅿あり ‼JR鼠ヶ関駅から徒歩10分 MAP 68

写真左側の白い灯台がシンボル

笹川流れ観光汽船乗り場では、その場で食べられる一夜干しのセットが人気です。

新潟の町や温泉／夕日ラインを爽快ドライブ

昔ながらの風情が残る村上で
町屋歩きと名物の鮭料理を

黒壁通りをはじめ、城下町の風情が色濃く残る村上。
それに"鮭の町"としても有名なのです。
歴史を感じる町並みは楽しみがいっぱいです。

黒壁通りとは？
ブロック塀を黒く塗り、近代化されてしまった町の景色を、昔ながらの城下町の景観に戻す活動によって復活した通り。
MAP71

江戸時代の商家が
ギャラリーに
町屋のギャラリー
やまきち
まちやのギャラリーやまきち

国の登録有形文化財に指定されている商家を利用したギャラリー。羽越しな布や山辺里織、ステンドグラス、陶器など地元の工芸品の展示、販売も行なっている。

ギャラリー　☎0254-52-2604
🏠村上市肴町8-4 🕐10:00〜
16:00 🈂不定休 ¥見学無料
🅿あり 🚶JR村上駅から徒歩
10分 MAP70

店舗と居住を分ける、「嫁隠し」と呼ばれる仕切り欄があるのが特徴

日本で最初の鮭の博物館
イヨボヤ会館
イヨボヤかいかん

村上地方では古くから鮭を「イヨボヤ」と呼ぶ。村上と鮭に関する資料や漁具などを展示。秋には遡上した鮭の産卵に遭遇できるかも。

資料館　☎0254-52-7117
🏠村上市塩町13-34 🕐9:00〜
16:30 🈂無休 ¥600円 🅿あり 🚶JR村上駅から徒歩20分
MAP70

地下生態観察室では、自然ふ化した鮭の稚魚を観察できる

村上の鮭文化を継承する老舗
千年鮭 きっかわ
せんねんざけきっかわ

村上名物「鮭の塩引き」や「鮭の焼漬」「鮭の酒びたし」などを製造・販売している老舗。町屋見学もできる。

食品　☎0254-53-2213 🏠村上市大町1-20 🕐9:00〜17:30 🈂無休 🅿あり 🚶JR村上駅から車で5分 MAP71

村上の旧市街でひときわ目をひくレトロな建物

一年間鮭を吊るして熟成させる村上特有の光景が広がる店内

町屋造りの
カフェも併設

お煎茶セット1100円

老舗が手がける北限の茶
九重園茶舗　ここのえんちゃほ
村上は北限の茶処ともいわれる地域。日照時間が短いため、やわらかな渋みとほどよい甘みの茶に仕上がるのが特徴。

お茶　☎0254-52-2036 🏠村上市小国町3-16 🕐9:00〜17:30
🈂無休 🅿あり 🚶JR村上駅から徒歩15分 MAP70

村上市

ぐるっと回って

60分

おすすめの時間帯

歴史ある城下町は侍屋敷やお城の史跡など、見どころがいっぱい。このエリアで開催される伝統的な催しも多いので、イベントに合わせて訪れるのも楽しいです。ランチでは名物の鮭料理も味わって。

長い歴史をもつ村上の鮭文化

平安時代に京都へ献上した記録も残る、村上を流れる三面川で獲れた鮭。長い歴史を経て、現在は100種類を超える鮭料理が生まれました。

❶代表的な村上の鮭料理がそろう人気品鮭料理 八品3025円 ❷江戸時代創業の旅籠を使ったレトロな店構え

村上名物の鮭を存分に
味わえるランチを

千年鮭きっかわ 井筒屋

せんねんざけきっかわいづつや

村上伝統の鮭食文化を伝える千年鮭 きっかわの鮭料理店。江戸時代の建物を使った空間も魅力的。鮭料理 八品3025円で奥深い味わいを楽しんで。

鮭料理 📞0254-53-7700 🏠村上市小町1-12 🕐11:00〜14:00(店内見学は9:30〜) 🈡1〜2月は火・金曜、3〜9月は火曜(祝日の場合は翌水曜休) 🅿あり 🚃JR村上駅から車で5分 MAP71

苔むした庭園が風流

若林家住宅 わかばやしけじゅうたく

築200年以上の江戸時代の典型的な中級武士の住宅。

歴史的建造物 📞0254-52-7840 🏠村上市三之 町7-13 🕐9:00〜16:30 🈡無 休 💴500円(郷土資料館、歴史文化館入館料込み) 🅿あり 🚃JR村上駅から車で7分 MAP71

戦国時代に築かれたお城

村上城跡 むらかみじょうあと

舞鶴城とも呼ばれる村上城は、戦国時代に本庄氏が「村上ようがい」として曲輪などを築いたのが始まり。現在は石垣と中世遺構が残っている。

城 📞0254-53-7511(村上市生涯学習課) 🏠村上市本町臥牛山986-1 🕐見学自由 🅿あり 🚃JR村上駅から車で8分 MAP71

今も残る石垣が、城郭の規模を物語っている。山頂からは市内一帯を見渡せる

江戸様式を伝える貴重な建物。室内からはみごとな庭園も眺められる

まいづる公園・
🏠千年鮭きっかわ 井筒屋P.71
🏣小町局
村上小 若林家住宅P.71
おしゃぎり会館(郷土資料館)
🏯黒塀通りP.70
🏠村上市役所
S千年鮭 きっかわP.70
村上市体育館 二之町
三之町
大山祇神社
🏯藤基神社
羽黒口 本町
🏠村上城跡P.71
善沢寺
村上大祭P.71
臥牛山

村上
🏫村上小
新町
村上変電所
新町
🅿二之町
⑦
イオンS
シューブラザ
ケーズデンキ

0 200m
1:22,000

周辺図 ◯P.68

伝統の催しにふれる村上祭時記

村上大祭 7月6・7日

7月6日に宵祭、7月7日に本祭が行なわれる。国の重要無形民俗文化財に指定されている。19台のオシャギリ(屋台山車)が町を練り歩く。 MAP71

城下町村上 町屋の屏風まつり
9月15日〜 10月15日

約70軒の町屋に残されている貴重な屏風を見学できるイベント。各家が大切にしてきた屏風をはじめ、昔の生活道具も展示されている。

千年鮭 きっかわで天井から下がった鮭は、風を当てながら熟成させる村上の伝統製法です。

新潟の町や温泉／村上で町屋歩きと鮭料理を

瀬波温泉の露天風呂で
海に沈む夕日にうっとり

豊富な湯量と95度前後ある源泉の熱さが自慢の瀬波温泉。
日本海に面した海岸線と松林が織りなす景色は風情満点です。
与謝野晶子が短歌を詠んだ景勝地でもあります。

1 日本海の絶景を望む露天風呂
2 全室オーシャンビューなのも魅力。露天風呂付きの部屋もある
3 新鮮な魚介をはじめ旬の食材が並ぶ夕食
4 あかね色に染まる夕暮れ時の大浴場
5 目の前が海のロケーション

露天風呂の湯面に夕日がとけこむ幸せ

大観荘 せなみの湯 ‖瀬波温泉‖たいかんそうせなみのゆ

日本海を望む絶景が楽しめる露天風呂が自慢のお宿。明るく広々としたパウダールームがあり、湯上がり後ものんびりとくつろぐことができる。料理は四季折々の新鮮な海の幸を中心に、旬を迎えた食材を厳選していて、見た目にもこだわった彩り豊かなメニューを用意。岩船産のコシヒカリを目の前で炊いてくれる釜飯もうれしいサービス。心ゆくまで湯浴みが楽しめる露天風呂付きの部屋が女性に人気。

料金プラン

1泊2食付き　平日16500円〜
1泊2食付き　休前日19800円〜
部屋タイプ　和室

☎0254-53-2131
🏠村上市瀬波温泉2-10-24
🕐IN15:00 OUT11:00
🏠和77、洋4
🅿あり ‼JR村上駅から車で10分 MAP73

瀬波温泉MAP

周辺図 ◉ P.68
上が北
0　　400m
1:40,000

H 瀬波　はまなす荘
H 清波温泉　村上市

P.73
大江戸温泉物語
Premium 汐美荘

大観荘 せなみの湯
P.72

H はぎのや

村上駅
村上局
村上高
羽越本線
鶴岡
P.70
徒歩15分
村上記念病院
瀬波温泉トンネル
新潟

H ゆうなみの宿 瀬波ビューホテル P.73

日本海を一望する抜群のロケーション

ゆうなみの宿 瀬波ビューホテル ‖瀬波温泉‖

ゆうなみのやどせなみビューホテル

客室すべてから夕日の海を見ることができるホテル。大きな窓のあるロビーや露天風呂は特に美しい夕日が見られると人気。日本海の幸にこだわった、宿自慢の鮮魚料理も味わって。

📞0254-53-3211
🏠村上市瀬波温泉3-5-38
🕐IN15:00 OUT10:00
🛏和35、洋4、和洋5
Ｐあり 🚃JR村上駅から車で10分
MAP 73

料金プラン

1泊2食付き　11000円〜
部屋タイプ　和室

1 目の前に海を眺めながら入れる贅沢な露天風呂
2 温泉から見る夕日とはまた違った景色

料金プラン

バイキングプラン
1泊2食付き　16200円〜
地元食材を使ったメニューや郷土料理、ライブキッチンでできたての品々がバイキングスタイルで楽しめる

1 夕食では和洋中の創作グルメバイキングを心ゆくまで楽しんで
2 海と夕日の絶景が目の前に広がる、海辺の露天風呂

多彩な温泉をはしごしてみては

大江戸温泉物語 Premium 汐美荘 ‖瀬波温泉‖

おおえどおんせんものがたりプレミアムしおみそう

水平線に沈む夕日を眺められる露天風呂が自慢の宿。豊富なメニューの朝夕食のグルメバイキングや、各種無料サービスが楽しめるプレミアムラウンジも好評。

📞050-3852-3598
🏠村上市瀬波温泉2-9-36
🕐IN15:00 OUT10:00
🛏和70、洋18、和洋18 Ｐあり
🚃JR村上駅から送迎バス利用（要予約）MAP 73

海岸沿いに温泉宿が並ぶ瀬波温泉。目の前のビーチは夏になると海水浴客でにぎわいます。

新潟の町や温泉／瀬波温泉の露天風呂でうっとり

船頭さんの歌声響く阿賀野川へ
渓谷の美しさに癒されます

日常生活ではなかなか見ることのない雄大な自然美に出会うと、
疲れた心と体が軽くなっていくようです。
水と緑に包まれて、存分にリフレッシュしましょう。

楽しい船旅を
ご案内します

❶阿賀野川から山々の景色をのんびり楽しめる ❷巧みな話術で楽しくガイドしてくれる船頭さん ❸船内は椅子席

地域に伝わる狐火伝説を紹介
狐の嫁入り屋敷

狐面の絵付けや狐のメイク体験（要予約）ができるほか、毎年開催される狐の嫁入り行列の映像も見られる（有料）。

📞0254-92-0220
🏠阿賀町津川3501-1
🕘9:00～16:00
㊡木曜（祝日の場合は前日または翌日休）💴無料
🅿あり 🚃JR津川駅から徒歩15分 MAP74

四季折々の風景が楽しめる

阿賀野川ライン舟下り　あがのがわラインふなくだり

道の駅「阿賀の里」の乗船場から始まる船旅は、新日本百景・阿賀野川の景観を堪能できる所要時間約40分の周遊コース。浅瀬や急流になるところもあり、スリル満点。ガイド役の船頭さんは景勝地の紹介だけでなく、奇岩怪石やそれにまつわる伝説などを巧みな話術を使って楽しく紹介してくれる。12月中旬～3月上旬に運航する雪見船も風情たっぷりで人気がある。

遊覧船 📞0254-99-2121（道の駅阿賀の里）🏠阿賀町石間4301
🕘9:00～15:00（1時間おきに出航）㊡悪天候の日 💴2000円
🅿あり 🚃JR東下条駅から車で5分 MAP74

阿賀野川ラインMAP

左上が北
1:200,000
2km
周辺図▶付録④

宝珠山
新潟
五泉市
阿賀野川SA
ひかげじょう
阿賀の里
さきはな
平等寺薬師堂 P.75
桂清水
P.75 落書庵
薬師清水
いがしま
宮谷
みかわ
またたび清水
会津通り石畳
会津街道石畳
三川観光きのこ園 P.75
阿賀町
みかわ
阿賀野川
揚川ダム
磐越自動車道
会津若松
津川
かのせ
赤崎山
麒麟山
奥阿賀ふるさと村
車15分
護徳寺
ひでや
磐越西線
角神不動滝
Ⓡにぎわい亭 P.75
阿賀野川ライン舟下り P.74
Ⓗ雪つばきの宿古澤屋 P.75
Ⓗ絵かきの宿 福泉 P.75
つがわ狐の嫁入り行列
狐の嫁入り屋敷 P.74

阿賀野川の歴史

江戸時代から水上交通路として利用されてきた阿賀野川。ライン舟下りにトライして当時に思いを馳せてみるのもいいですね。

県内最古級の茅葺き寄棟造りのお堂
平等寺薬師堂 びょうどうじやくしどう

室町時代中期に建てられた木造建築で、新潟で最古のもののひとつ。堂内には室町時代から江戸時代にかけての参詣者の落書きや、御館の乱で敗走した会津の将兵の墨書が残っている。内部は非公開。

寺院 ☎0254-99-2639 (落書庵)
🏠阿賀町岩谷 ⏰9:00～16:00 (冬季は要問い合わせ) 🈺火曜 🈯無料 Ｐあり
‼JR五十島駅から徒歩25分
MAP 74

旅の記念に落書きしてみましょう
落書庵 らくがきあん

平等寺薬師堂のお堂への登りにあるお休み処。薬師堂の落書きにちなんで半紙と筆が置いてあるので、願い事や旅の思い出などを無料で書き記すことができる。これをまとめ、年に一度コンクールを開催し、入選作品を展示している。

休憩所 ☎0254-99-2639
🏠阿賀町岩谷
⏰9:00～16:00 (冬季は変動あり)
🈺火曜 (冬季は不定休) Ｐあり
‼JR五十島駅から徒歩25分 MAP 74

収穫体験と食事が楽しめる
三川観光きのこ園 みかわかんこうきのこえん

広大な敷地のなかに約10種のきのこを栽培している観光農園。期間中は、収穫分の料金できのこ狩り体験が楽しめる。食堂やバーベキューハウスがそろい、バーベキューセット1200円、きのこ汁350円が名物。

体験 ☎0254-99-3773 🏠阿賀町吉津3520 ⏰4～12月上旬の9:00～16:00 (レストランは9:00～15:30) 🈺期間中無休 🈯入場無料、きのこ狩り100g100円～
Ｐあり ‼JR三川駅から車で3分 MAP 74

川下りのあとのランチに
にぎわい亭 にぎわいてい

阿賀野川ライン下りの乗船場所にある道の駅「阿賀の里」にある飲食コーナー。ラーメンや地元のコシヒカリを使ったにぎりたてのおにぎりのほか、土・日曜、祝日限定のご当地バーガー 600円が楽しめる。

レストラン ☎0254-99-2121 (道の駅 阿賀の里) 🏠阿賀町石間4301
⏰9:00～16:00 🈺無休 Ｐあり
‼JR東下条駅から車で5分
MAP 74

お泊まりは 麒麟山温泉で

阿賀野川を望む眺望抜群の露天風呂
雪つばきの宿古澤屋 ゆきつばきのやどふるさわや

色鮮やかな椿が館内外を彩る宿。阿賀野川に面した露天風呂は、床面から湯が湧き出す造りになっている。川のせせらぎを聞きながら静かな湯浴みが楽しめる。

旅館 ☎0254-92-3322 🏠阿賀町鹿瀬5860 ⏰IN15:00 OUT10:00 🚻和10、露天付客室2 🈯1泊2食付き平日15550円～、休前日18850円～ Ｐあり ‼JR津川駅から車で7分 MAP 74

露天風呂から絵画のような景色が広がる
絵かきの宿 福泉 えかきのやどふくせん

全客室、露天風呂から阿賀野川の豪快な流れを堪能できる旅館。その美しい風景から、常連客には画家が多く、客室にはスケッチブックが置かれているほど。

旅館 ☎0254-92-3131 🏠阿賀町鹿瀬5886 ⏰IN15:00 OUT11:00 🚻和10、和洋4 🈯1泊2食付き平日13500円～、休前日17050円～ Ｐあり ‼JR津川駅から車で7分 MAP 74

ライン下り乗船場にある道の駅「阿賀の里」には、阿賀の特産品や地酒コーナーがあり、おみやげ探しにぴったりです。

越後のパワースポット
彌彦神社でお参りしましょう

「おやひこさま」の愛称で越後の人々に崇敬されている、
霊山・弥彦山のふもとにたたずむ古社。
お店が並んだ門前では、おさんぽも楽しみです。

玉兎が
名物です

入母屋造り向拝付の拝殿など、威風堂々とした姿が目をひく

秋には菊花展覧会「弥彦菊まつり」が
開かれる

石を持ち上げ軽いと感じれば願い
が叶うといわれる火の玉石

神社と所縁が深いシカ
を飼育する鹿苑も併設

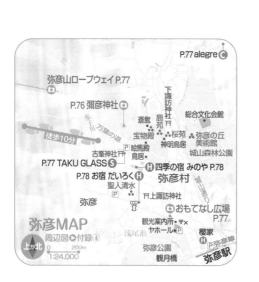

弥彦MAP
周辺図●付録④
1:24,000
上が北
200m

P.77 alegre ⓒ
弥彦山ロープウェイ P.77
P.76 彌彦神社 ⓓ
斎館　鹿苑　総合文化会館
宝物殿　桜苑
絵馬殿　神明鳥居　弥彦の丘美術館
古峯神社前 鳥居　城山森林公園
P.77 TAKU GLASS Ⓢ
P.78 お宿 だいろく　Ⓗ 四季の宿 みのや P.78
弥彦村
聖人清水
弥彦　∏上諏訪神社
観光案内所・〒×　●おもてなし広場
ヤホール●∏　P.77
浅尾池　櫻家
弥彦公園　Ⓗ 弥彦線
観月橋　弥彦駅

『万葉集』にも
読まれた古社

彌彦神社
やひこじんじゃ

越後の守り神として信仰を集
め、越後に農業、漁業、製塩を
もたらした天香山命を祀って
いる。創建は、崇神天皇の時
代（紀元前97〜30年）と伝
わる。参拝作法は二礼四拍手
一礼。

☎0256-94-2001 ⌂弥彦村弥彦
2887-2 ⏰境内自由（宝物殿は
9:00〜16:00）休無休 ¥宝物殿
300円 Pあり ‼JR弥彦駅から
徒歩15分 MAP 76

御手洗川（張子川）
に架かる玉の橋

見ごたえのある拝殿

ぐるっと回って 4 時間

おすすめの時間帯

彌彦神社まではJR弥彦駅から歩いて15分。門前にはみやげ物店や宿が並んでいて、お店に立ち寄りながら散策するのが楽しい町です。弥彦山へ足を延ばすなら、プラス1時間前後は見ておきましょう。

弥彦名産の玉兎

田畑を荒らすウサギを彌彦大神が沈めた弥彦のうさぎ伝説。ウサギをかたどって献上した菓子が門前の名物になっています。

足湯で癒されて
温泉ミストを自宅へ

おもてなし広場 おもてなしひろば

農産物直売所やフードコートなどが集まる観光複合施設。無料の足湯＆手湯もあり、門前さんぽの疲れを癒すことができる。

📞0256-94-3154（弥彦観光協会）
🏠弥彦村弥彦1121 ⏰10:00〜16:00
（店舗により異なる）㊡無休（店舗により異なる）🅿あり ‼JR弥彦駅から徒歩5分 MAP 76

1弥彦散策で疲れた足を癒すのにぴったりな足湯 **2**旬の果物を使ったフルーツサンドショップも **3**中庭には自由に利用できるテーブル席などもある

暮らしに彩りをプラスする
ガラス細工が充実

TAKU GLASS タクグラス

彌彦神社の境内に面した、風鈴が軒先に下がったガラス雑貨店。全国のガラス産地で修業を積んだガラス作家が、生活に取り入れやすい品々を販売。

📞0256-78-7741（弥彦村弥彦3022-4
⏰9:00〜17:00 ㊡水曜 🅿あり
‼JR弥彦駅から徒歩15分 MAP 76

1風鈴の音が響く店構え **2**観葉植物用の商品が人気

木のぬくもりを感じる
足を延ばしたい一軒家カフェ

alegre アレグレ

里山の中にある隠れ家カフェ。新潟市内の人気ロースターの豆を使ったコーヒーや、地元ベーカリーのパンを使ったサンドが人気。

📞非公開 🏠弥彦村上泉1729-1
⏰10:00〜17:30 ㊡火・水曜 🅿あり
‼JR弥彦駅から車で5分
MAP 76

新潟市の人気スイーツショップの焼き菓子も販売

1ヴィンテージのテーブルやイスを配した店内 **2**人気のバゲットサンド750円やコーヒーチェリーシロップを使ったカスカラソーダ500円

ロープウェイで
絶景さんぽはいかが？

弥彦山ロープウェイ
やひこやまロープウェイ

山麓から山頂までの1000mを5分で結ぶロープウェイ。

📞0256-94-4141 ⏰9:00〜17:00
㊡無休 ¥往復1500円
MAP 76

弥彦山ロープウェイの山麓乗り場までは、彌彦神社拝殿脇から無料シャトルバスが運行しています。

新潟の町や温泉／彌彦神社でお参りしましょう

岩室温泉と弥彦温泉の宿で
ぜいたくな時間を過ごしましょう

越後一の宮・彌彦神社の門前に広がる弥彦温泉。
新潟市の奥座敷としてもにぎわう岩室温泉。
歴史に彩られた風情ある町並みが出迎えてくれます。

彩り鮮やかな京風会席料理でおもてなし

お宿 だいろく

‖弥彦温泉‖おやどだいろく

割烹料理店が前身の和風旅館。24時間利用できる大浴場や、無料の貸し切り露天風呂が評判。旬の食材を使った京風会席料理を目当てに来る客も多い宿。

☎0256-94-2026 ⬆弥彦村弥彦946 ⏰IN15:00 OUT10:00 🛏和15 🅿あり ‖JR弥彦駅から徒歩8分 MAP76

■弥彦の町並みが一望できる貸し切りの樽型露天風呂 ■しっとり落ち着いた和風の玄関 ■のんびりくつろげる畳の客室

海の幸の京風会席

毎日市場で仕入れる海の幸や、農家直送の野菜は、素材を生かした味付けに。

料金プラン

1泊2食付き 平日14300円〜
1泊2食付き 休前日15400円〜

大正ロマンを感じるお部屋が人気

四季の宿 みのや

‖弥彦温泉‖しきのやどみのや

最上階8階にある展望露天風呂からは弥彦山の眺望が楽しめる。2023年4月にリニューアルした、モダンな雰囲気の露天風呂付き客室も好評。

☎0256-94-2010（受付10:00〜19:00）⬆弥彦村弥彦2927-1 ⏰IN15:00 OUT10:00 🛏四照花4、浪漫庵17、和36、洋9 🅿あり ‖JR弥彦駅から徒歩10分 MAP76

■全室が異なる仕様の四照花の客室。シモンズのベッドで深くくつろげる ■四照花に備わる客室露天風呂のひとつ ■展望レストランや料亭などもそろう

入賞料理が楽しみ

「プロが選ぶ日本のホテル・旅館100選料理部門」に入選したお料理を、じっくり味わって。

料金プラン

源泉露天風呂付客室フロア
【四照花】1泊2食付き
31350円〜
客室・四照花に滞在して、ワンランク上の会席料理を料亭で味わえるプラン

岩室温泉MAP

岩室宿
ゆもとや
新潟
佐渡汽船10分
新潟市
西蒲区
蓮華寺卍
濱松屋
居宿
穂々-hoho-
P.79 髙志の宿 髙島屋
松屋
富士屋
岩室神社卍
著莪の里
ゆめや P.79
R La Bistecca P.27
ジェラテリア
レガーロ
JR岩室駅
松ヶ岳
弥彦

四季の宿 みのやの足湯でほっこり

玄関横にある足湯は土・日曜、祝日の9:00〜18:00、宿泊者以外でも無料で使用することができます。※天気により休止の場合あり。

2000坪の敷地に部屋11室の贅沢さ

著莪の里 ゆめや

‖岩室温泉‖しゃがのさとゆめや

日本庭園に囲まれた客室は全室内風呂付き。自家源泉の大浴場や露天風呂など、雰囲気満点の湯宿。苦手な料理の変更など、きめ細かなサービスがうれしい。

📞0256-82-5151 🏠新潟市西蒲区岩室温泉905-1 🕐IN14:00 OUT11:00 🛏和5、和洋5、露天風呂付2、離れ1 🅿あり ‖JR岩室駅から車で10分 MAP79

1檜の香りが気持ち良い大浴場 2四季折々の景色を楽しめる、手入れの行き届いた庭 31階客室はすぐに庭に出られる造り

天然自家源泉のお風呂

庭園に囲まれた露天風呂では、お花見や新緑、紅葉、雪景色など存分に味わえる。

料金プラン

1泊2食付き　平日33150円〜
1泊2食付き　休前日38650円〜

江戸時代に建てられた風格ある老舗旅館

髙志の宿 髙島屋

‖岩室温泉‖こしのやどたかしまや

明治天皇が休憩したという由緒ある宿は、江戸時代築の母屋が国の登録有形文化財。竹林や老松などが配された広大な庭園が美しい。

📞0256-82-2001 🏠新潟市西蒲区岩室温泉678甲 🕐IN15:00 OUT11:00 🛏和18 🅿あり
‖JR岩室駅から車で8分
MAP79

1大浴場には露天風呂もあり、岩室独特の黒湯が楽しめる 2囲炉裏のあるロビーが落ち着く 3新潟の食材をたっぷり盛り込んだ料理も評判

庭園をライトアップ

古木が配された風趣漂う庭園は背景の山と調和し、夜のライトアップがまた美しい。

料金プラン

のど黒ウニ巻き付プラン
1泊2食付き　平日25300円〜
1泊2食付き　休前日35200円〜
ノドグロでウニを巻き塩焼きにした料理長特製の品が付く、会席料理が楽しめる。

江戸時代には北国街道の湯治場として栄えた岩室温泉。雁が傷を癒しているのを発見したという伝説から「霊雁の湯」と呼ばれています。

新鮮なカニとお魚ストリート
寺泊「魚のアメ横」でお買いもの

日本海の海の幸がよりどりみどりの活気あふれる魚の市場通り。
鮮魚のおみやげを買うには最適です。
市場の名物は浜焼き。潮風に吹かれながら頬張るイカや魚の浜焼きは格別です。

獲れたてのカニがいっぱい

❶数ある魚介のなかでも、寺泊の名物になっているのがカニ。ずっしりと重いものが身の詰まっている証　❷食事処ではカニを使った料理が豊富にそろっている　❸魚介を串に刺して焼いた浜焼きは、食べ歩きにぴったり　❹❺新鮮な魚介を宅配で送れる店も多い　❻いくらやもずくなど、新潟名産のネタを食べるのも楽しみ

大型の鮮魚店や海鮮処がズラリと並ぶ

寺泊・魚の市場通り
てらどまりさかなのいちばどおり

国道402号沿いにある人気の魚市場。港に揚がったイキのいい魚介がリーズナブルに購入できるとあって、観光客でいつもにぎわっている。多くのお店が食事処を併設していて、新鮮なネタを使った海鮮料理を味わえる。

📞0258-75-3363（寺泊観光協会）
🏠長岡市寺泊下荒町
🅿あり
🚃JR寺泊駅から車で15分
MAP 81

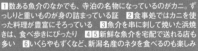

ぐるっと回って
120分

おすすめの時間帯

市場通りに並ぶ鮮魚店は9店舗。食事処を併設している店が多いので、買物の前後に食事も楽しめます。土・日曜の昼どきは混雑するので、時間をずらして訪れて、新鮮な素材をお腹いっぱい味わいましょう。

水族館にも立ち寄って

寺泊 きんぱちの湯の近くには、大回遊水槽の餌付けショーが人気の「寺泊水族博物館」があります。MAP 81

カニ汁がおいしい
浜焼センター 金八
はまやきセンターきんぱち

まるごと1匹のカニを店頭で釜ゆでする人気店。おいしそうな浜焼きが種類豊富に並びカニ汁も100円〜と格安で食べられる。(仕入れにより品切れの場合あり)

♪0258-75-2552 ◐8:30〜17:00(変動あり) 困不定休 MAP 81

鮮魚から乾物までそろう
寺泊中央水産
てらどまりちゅうおうすいさん

鮮やかな緑色の外観が目印。鮮魚のほかに、乾物や干物が豊富にそろう。直売店の2階に併設する食事処では、海鮮丼などの荒磯料理が味わえる。

♪0258-75-3266 ◐8:40〜17:00 困無休 MAP 81

ボリューム満点の各種定食が人気
山六水産
やまろくすいさん

2Fのレストランやまろく苑では、名物のベニズワイガニのほか、カニめし定食1870円などの定食が人気。

♪0258-75-3161 ◐8:30〜17:00、やまろく苑は9:30〜16:30 困無休 MAP 81

鮮度の良さにこだわる
角上魚類 寺泊本店
かくじょうぎょるいてらどまりほんてん

全国に23店舗を展開する角上魚類の本店。ゆでたてのカニや、寺泊、出雲崎で揚がった地魚を種類豊富に扱っている。

♪0258-75-5246 ◐8:00〜17:00 困無休(1・2月は不定休あり) MAP 81

市場近くにある温泉スポット

ミネラル成分がたっぷり
寺泊 きんぱちの湯
てらどまりきんぱちのゆ

佐渡海洋深層水を使用した露天風呂がある温泉施設。海の見えるサウナも併設。

♪0258-75-5888 企長岡市寺泊松沢町9353-621 ◐10:00〜20:30 困不定休 ¥平日900円(17:00以降700円)など、レンタルタオルセット200円 Pあり MAP 81

新潟の町や温泉／寺泊「魚のアメ横」でお買いもの

寺泊MAP
周辺図●付録④
上かた
0 500m
1:75,000

新潟
信越線
野積橋
長岡市
十二神社
寺泊文化センター前
坂井町
WC
中央海浜公園
WC
魚の市場通り
体育館
白山媛神社
上田町
寺泊日本海
寺泊水族博物館
寺泊松沢町
寺泊きんぱちの湯 P.81
寺泊水族博物館 P.81

S 寺泊・魚の市場通り P.80
S 浜焼センター 金八 P.81
S 山六水産 P.81
S 寺泊中央水産 P.81
S 角上魚類 寺泊本店 P.81

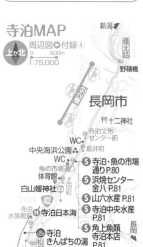

寺泊・魚の市場通りの南側にある白山媛神社は、江戸時代の貴重な船絵馬が残されています。MAP 81

川端康成の『雪国』ゆかりの越後湯沢 ほっこり温泉めぐりをしませんか

不朽の名作『雪国』の舞台として有名な温泉街。
川端康成が執筆中に滞在していた旅館のほか、
小説ゆかりの共同浴場もあります。

川端康成直筆の
『雪国』の書

①女性浴場には露天風呂がある
②1934（昭和9）年から1937（昭和12）年にかけて、川端康成が『雪国』を執筆した「かすみの間」が、当時の状態で保存されている

『雪国』の舞台になった老舗旅館
雪国の宿 高半 ゆきぐにのやどたかはん

約950年前に初代主人が発見した天然湧出の湯元源泉を使用する老舗旅館。源泉かけ流しの温泉は、湯の中にとき卵のような湯花が咲くことから「卵の湯」とも呼ばれている。高台に位置する宿の客室からは、遠く三国山脈の眺望も楽しめる。

📞025-784-3333 🏠湯沢町湯沢923 🕐IN15:00 OUT10:00 🛏和34 🅿あり 🚃JR越後湯沢駅から車で5分 MAP83

料金プラン
旬の魚沼を召し上がれプラン
1泊2食付き　18600円〜
魚沼の旬の素材を使用した料理でおもてなし

岩盤浴や2つの貸し切り風呂も楽しみ
音羽屋旅館 おとわやりょかん

ゆったりとした内湯と露天風呂、そしてデトックス効果や冷え性の改善が期待できる岩盤浴もある湯宿。二つの貸し切り風呂（有料）もあり、温泉三昧の贅沢な気分が味わえる。旬の食材で作る料理は、女将自慢の特製デザート付き。

📞025-784-3412 🏠湯沢町湯沢419 🕐IN15:00 OUT10:00 🛏和16 🅿あり 🚃JR越後湯沢駅から徒歩7分 MAP83

①湯口の岩に夫婦龍の模様が浮かぶ露天風呂「龍神の湯」
②地元の旬の食材を使った会席料理
③個室岩盤浴槽「美癒」でデトックスを
④客室は和風で落ち着ける

料金プラン
1泊2食付き　13200円〜

82

『雪国』のトンネルはどこのこと？

「国境の長いトンネルを抜けると雪国であった」で始まる小説『雪国』。そのトンネルとは、群馬と新潟を貫く清水トンネルのことです。

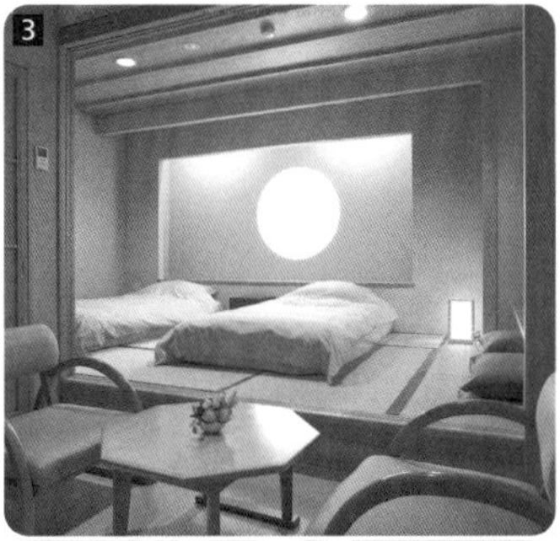

くつろぎのコンセプトで客室が選べる

越後湯澤HATAGO井仙 えちごゆざわハタゴいせん

心ゆくまで眠りたい、読書三昧がしたい、夜更けまで話をしたいなど、滞在スタイルに合った客室が選べる旅館。地元の旬の味覚も充実しており、朝食は和食、夕食は3つのコースから選べる。

☎025-784-3361
住 湯沢町湯沢2455
IN14:00 OUT11:00
室 和洋15、特別1 P あり
JR越後湯沢駅からすぐ
MAP 83

1 地元の素材たっぷりの雪国ガストロノミーは定評あり 2 レトロモダンな空間で過ごせる 3 露天風呂付きの部屋もある 4 落ち着いたレストラン内観 5 源泉かけ流しの温泉をひとり占めできる貸切湯屋

料金プラン

「露天風呂の間」の客室
1泊2食付き　29850円～
1泊朝食付き　23250円～
源泉かけ流しの温泉をゆったり楽しめる

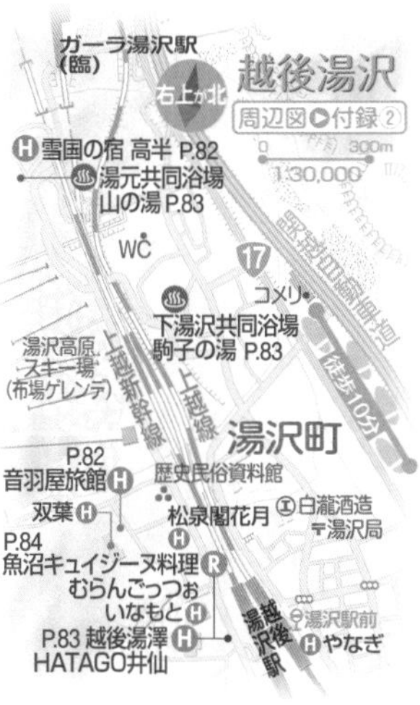

ヒロインの名をもつ共同温泉

下湯沢共同浴場 駒子の湯

しもゆざわきょうどうよくじょうこまこのゆ

湯沢の中心街にある、民家風の素朴な造りの共同浴場。小さいながら休憩コーナーがあり、映画『雪国』の資料展示もしている。

☎025-785-7660 住 湯沢町湯沢148 10:00～20:30 休 木曜（祝日の場合は営業、振り替え休あり） ¥500円 P あり JR越後湯沢駅から車で5分 MAP 83

湯沢でいちばん古い共同温泉

湯元共同浴場 山の湯

ゆもときょうどうよくじょうやまのゆ

古くから湯治場として親しまれた共同温泉で、川端康成も入浴したという。温泉は源泉かけ流しで、早朝からの営業がうれしい。

☎025-784-2246 住 湯沢町湯沢930 6:00～20:30 休 火曜（祝日の場合は営業、振り替え休あり） ¥500円 P あり JR越後湯沢駅から車で5分 MAP 83

湯沢町には公営の温泉公衆浴場が5か所もあります。民俗資料館横には無料の足湯パークもあるので立ち寄ってみて。

雪国ガストロノミーを味わって

フォトジェニック

お店の入り口には足湯があるので
食事の前後にあたたまれます

古くから地元で食されてきた
郷土料理をアレンジしたコースランチ2750円〜

夕食にも魚沼の山菜や
季節の野菜が盛り込まれています

照明を落としたシックな空間で
雪国らしい品々を味わえます

魚沼キュイジーヌ料理 むらんごっつぉ
うおぬまキュイジーヌりょうりむらんごっつぉ

雪国A級グルメ認定旅館「越後湯澤HATAGO
井仙」にあるダイニングレストラン。魚沼の
食材の持ち味を引き出した創作料理が楽しめ
る。宿泊者以外も利用できる。

📞025-784-3361（越後湯澤HATAGO井仙）
🏠湯沢町湯沢2455 🕐11:30〜14:00、夜は
17:45〜、19:30〜の2回制 休水曜 Pあり
🍴JR越後湯沢駅からすぐ MAP83

佐渡

江戸時代には金山の島として栄えた佐渡。
能や鬼太鼓、佐渡おけさの伝統芸能や
宿根木に残る船大工文化など、
この島ならではの独自の文化が今も息づいています。
とびきり新鮮な魚介が堪能できるグルメも楽しみ。
佐渡の島旅は、のんびりペースのドライブでどうぞ。

佐渡を
さくっと紹介します

島とはいえ、東京23区の1.5倍ほどもある広い佐渡。
車でまわっても、意外と時間がかかります。
時間に余裕を持って、効率的に移動しましょう。

旅のスタートは両津港から

佐渡へのフェリーがもっとも多く到着する両津港。数多くの路線バスは両津港ターミナル前を発着していて、レンタカー店も多く集まっています。ターミナル内には観光案内所もあり、パンフレットを手に入れておくと便利です。

●バス乗り場

フェリーが発着する両津埠頭にバス乗り場があり、主要なバス路線の多くがここを経由します。

問い合わせ先

新潟交通佐渡　☎0259-57-5114
（本社営業所）

●レンタカーガイド

佐渡の旅を港からダイレクトに始めたいならレンタカーが便利。時間に縛られることなく、自由に島内を周遊できます。メインの玄関口である両津港には、各レンタカーの営業所があります。

問い合わせ先

トヨタレンタリース	☎0259-27-2100
ニッポンレンタカー	☎050-1712-2867
タイムズカーレンタル	☎0259-24-7211
渡辺産商	☎0259-27-5705

新潟タウン・直江津から佐渡へ

どこから	なにで？	ルート	所要	ねだん
新潟港から	⛴	**新潟港→両津港** フェリー 1日3〜6便 ジェットフォイル1日5〜7便	フェリー 2時間30分 ジェットフォイル 1時間7分	フェリー 2960円（2等） ジェットフォイル 7050円
直江津港から	⛴	**直江津港→小木港** 3月下旬〜11月中旬運航、1日2便	フェリー 2時間40分	フェリー 3170円

※季節により増便・減便あり。通常運賃のほかに、往復割引や便指定の割引きっぷもあります（乗船時期により運賃の変動あり）。

問い合わせ先	佐渡汽船（新　潟）	☎025-245-1234
	（直江津）	☎025-544-1234
	予約センター	☎025-245-6122
	ナビダイヤル	☎0570-200-310

相川地区へは…

路線バス利用だと、両津港から佐渡金山前まで75分。車の場合、両津港から国道350号・県道31号で相川へ30分、県道463号で佐渡金山まで約8分。

宿根木へは…

路線バス利用では、小木埠頭から宿根木線で宿根木下車、徒歩すぐ。車の場合は、両津港から国道350号で小木まで70分、県道45号で宿根木まで約15分。

大野亀、二ツ亀へは…

路線バス利用で大野亀へは、両津埠頭から内海府線で大野亀下車、徒歩約5分。二ツ亀へは、両津埠頭から内海府線で二ツ亀下車、徒歩約5分。

現金を用意しておくと安心
島内のコンビニやドラッグストアにはATMがありますが、都市銀行単体のATMはないので、現金を用意しておくと安心です。

島屈指の景勝地

P.89 **大野亀**
おおのがめ
島の北端にある大野亀は、巨大な亀のように見える海に突き出た巨大な一枚岩。

二ツ亀島　弾崎

佐渡の玄関口

両津港
りょうつこう
佐渡の旅はここから始まります。佐渡おけさの像がお出迎え。

日本一有名な金山

P.90 **佐渡金山**
さどきんざん
全長400kmにおよぶ採掘場の坑道の一部が公開されている。

外海府海岸

内海府海岸

佐渡外海府海岸

金剛山▲

ドンデン山▲

両津湾

金北山▲

大清水

▲妙見山

姫津漁村

佐渡汽船
(両津—新潟)

姫崎

佐渡のシンボル

P.91 **トキの森公園**
トキのもりこうえん
トキの生態を間近で観察することができる、貴重な施設。

佐渡金山

トキの森公園

佐渡市

七浦海岸

船の町として繁栄

宿根木 **P.90**
しゅくねぎ
千石船と船大工の里として、国の保存地区に指定されている。

二見の家並

稲鯨漁村

真野湾

大地山▲

真野御陵

経塚山▲

女神山▲

鰐清水

沢崎鼻　宿根木

小木海域公園

佐渡汽船(小木—直江津)

佐渡植物園

佐渡の舟遊び

たらい舟 **P.91**
たらいぶね
島には、たらい舟で本土に渡ったという伝説も残っている。

効率よく島内の見どころをまわるには、レンタカーでの旅が便利です。

佐渡の夕日に魅せられて
オーシャンビュードライブ

佐渡島の北部、大佐渡は雄大な自然が多いエリア。
日本海に沈む美しい夕日の絶景ポイントも点在しているので、
潮風をうけながら素敵なドライブが楽しめます。

ぐるっと回って
8時間

おすすめの時間帯

新潟港からの船が到着する両津港でレンタカーを借りたら、島をぐるりと周遊するドライブへ出発しましょう。しまふうみでランチを味わった後は、西海岸の海辺を走る絶景ドライブが楽しめます。

潮風に吹かれて島旅ドライブへ

両津港を出発したら、牛尾神社と小倉の千枚田という島東部の名所を訪ねます。ランチは島内随一の眺めを誇るカフェのしまふうみへ。午後は、西海岸に続く七浦海岸や尖閣湾などの絶景スポットをめぐり、島北端近くにある大野亀でゴール。夕日が美しい西海岸は夕刻がベストタイムです。

P.89 大野亀
ニツ亀島 弾崎

ゴール

内海府海岸

P.89
尖閣湾（揚島遊園）

佐渡外海府海岸

金剛山

ドンデン山
大清水 金北山
妙見山

スタート

両津港
P.89

P.89
七浦漁村
姫津漁村

小倉の
千枚田
P.89

牛尾神社 P.89

大地山

二見の家並

真野御陵

稲鯨漁村

しまふうみ
P.89・94

経塚山

鷲崎水

沢崎鼻
宿根木
小木海域公園
（佐渡汽船）（小木→直江津）

佐渡植物園

尖閣湾では、船底がガラスになった1周約15分間の海中遊視船（グラスボート）も運航。海中の地形や魚の姿が見られて人気です。

大野亀で一面に広がる
トビシマカンゾウ

真野湾に面した
ノスタルジックなバス停

大野亀近くにある弾埼灯台

5 七浦海岸 ななうらかいがん

長手岬、夫婦岩、春日崎などの名勝が並ぶ約10kmの海岸線。日本海に沈む夕日が美しい、サンセットスポットとしても人気が高い。夜には漁り火が見えることもある。

MAP 89

1 両津港 りょうつこう

2 牛尾神社 うしおじんじゃ

入母屋造り橋掛かり付きの能舞台があり、6月に薪能を開催。拝殿の精緻で大胆な透かし彫りが見もの。
📞0259-27-5000（佐渡観光交流機構）🏠佐渡市新穂潟上2529 ⏰境内自由 🅿️あり 🚌バス停天王下から徒歩10分 MAP 89

3 小倉の千枚田 おぐらのせんまいだ

小倉の通称「大ひらき」にある水田。約13坪の小さな傾斜地にあり、1.5haほどの棚田が続く。開墾は江戸初期から行われた歴史がある。 MAP 89

4 しまふうみ

自家製酵母のパンが評判のベーカリーカフェでランチを。海を目の前にしたテラス席が◎。
P.94
MAP 89

6 尖閣湾（揚島遊園）せんかくわんあげしまゆうえん

佐渡北端を目指す途中にある、断崖絶壁が連なる景勝地。高さ20mの絶壁と岩礁がつくり出す美景は、海中公園にも指定されている。

MAP 89

7 大野亀 おおのがめ

標高167mの一枚岩が海に突き出ている、佐渡を代表する景勝地。毎年5月下旬〜6月上旬頃にはトビシマカンゾウが咲き誇る。

MAP 89

島内は道幅の狭い場所も多いので、レンタカーは軽自動車が便利です。

佐渡／オーシャンビュードライブ

世界に誇る佐渡金山やたらい舟
定番観光スポットははずせません

ゴールド・ラッシュに沸いた佐渡金山の史跡や、
島のシンボルであり日本を代表する鳥、トキが観察できる施設など
佐渡島の観光ではぜひ訪れたい定番スポットです。

JR東日本のCMで一躍
有名になった三角家

江戸幕府を支えた金銀の採掘場跡
史跡佐渡金山
しせきさどきんざん

1601（慶長6）年に発見され、江戸幕府の経済基盤を築いた金山。明治期には拡大発展を遂げ、約400年に渡って操業を続けた。総延長400kmに及ぶ坑道の一部が公開され、等身大の人形たちが江戸時代の採掘の様子を再現している。

📞0259-74-2389 🏠佐渡市下相川1305
🕐8:00〜17:30（季節により変動あり）㊡無休
💴1000〜2500円（コースによって異なる）Ｐあり 🚏バス停相川から車で5分 MAP付録⑤ A-3

廻船業で栄えた
趣ある海辺の集落
宿根木 しゅくねぎ
江戸時代に廻船業の集落として繁栄。狭い土地に築100年を超える家屋が密集して並ぶエリアは情緒たっぷり。国の重要伝統的建造物群保存地区に指定されている。見学の際は100円程度の町並み保全協力金を設置箱へ。

📞0259-86-3200（佐渡観光交流機構 南佐渡観光案内所）🏠佐渡市宿根木 🕐見学自由 Ｐあり 🚏バス停宿根木からすぐ MAP付録⑤ A-4

1921（大正10）年築の
旧郵便局舎も現存

各所で町
ネコも見
かける

1坂の上から集落を一望。石置き木羽葺き屋根が美しい **2**石畳と板壁が続く町並みをのんびり歩きたい **3**意匠を凝らした建物細部も見ごたえがある

1江戸時代の手掘採掘で山が真っ二つに割れた佐渡金山のシンボル「道遊の割戸」**2**江戸時代の製錬作業の立体模型 **3**道遊坑は明治期に開削され、1989（平成元）年の操業停止まで使用されていた

間近に観るトキの姿に感動

トキの森公園

トキのもりこうえん

特別天然記念物のトキについて学
べる公園。資料展示館では、保護
の歴史や生態について学ぶこと
ができる。トキふれあいプラザで
は、トキがえさを捕ったり、巣作り
を行なう姿を間近で見学できる。

■飼育ケージで大切に育て
られている ■トキの保護増
殖に関する資料が展示され
る資料展示館

☎0259-22-4123 🏠佐渡市新穂長畝383-2 ⏰8:30〜16:30
㊡無休(12〜2月は月曜休、祝日の場合は翌日休) ¥400円 Pあり
‼バス停トキの森公園からすぐ MAP付録⑤ B-3

**古代遺跡のような
産業遺産**

北沢浮遊選鉱場跡

きたざわふゆうせんこうばあと

採取した鉱石を選り分ける
作業を行った設備。産金法
の制定に伴い、1938(昭和
13)年に鉱山の増産化のた
めに建設され、その鉱石処
理能力は東洋一を誇った。
夜間のライトアップも見事。

■ジブリ映画のラピュタのようと
SNSで話題 ■夜は幻想的に浮かび
上がる(ライトアップは期間限定)

☎0259-74-2389(ゴールデン佐渡) 🏠佐渡市相川北沢町3
⏰見学自由 Pあり ‼バス停相川博物館前からすぐ
MAP付録⑤ A-3

**小木の名物・
たらい舟にトライ**

力屋観光汽船

りきやかんこうきせん

小回りが利くため、磯場での漁に
使われているたらい舟。女船頭
さんが操るたらい舟に乗って、自
分でこぐこともできる。雨や雪
の日でも傘をさして体験可能。

たらい舟は思ったより安定感
がある

☎0259-86-3153 🏠佐渡市小木町1935 ⏰8:30〜17:00(時期によ
り異なる) ㊡無休 ¥700円 Pあり
‼小木港からすぐ MAP付録⑤ A-4

トキの森公園にある「トキふれあいプラザ」ではトキが実際に飛翔可能な大型ケージを設置し、自然に近い生息環境を再現しています。

お魚も野菜もお肉もおいしい
佐渡の素材がたっぷりの島ごはん

佐渡沖でとれる新鮮魚介に、島で作られた野菜や果物。
のどかな景色もごちそうのひとつに加えて、
旬の素材たっぷりの料理を召し上がれ。

佐渡の食材でこだわりのフレンチ料理

清助Next Door
‖佐和田‖ せいすけネクストドア

佐渡の自然が感じられる珍しい食材や無農薬野菜、漁師さんから直接仕入れる魚介などを使ったフレンチイタリアン。ランチは4200円〜のコース、ディナーは7200円〜のコースのみ。

フレンチ ☎0259-58-7077
🏠佐渡市河原田諏訪町207-76
🕐12:00〜14:00、18:00〜21:00
（要予約）休水曜 Pあり
‼️バス停佐和田から徒歩5分
MAP付録⑤ B-3

❶目の前に真野湾が広がるロケーションも ❷ゲストハウスなどが入る複合施設の1階にある

menu
新潟和牛コース9000円〜
ディナーコース7200円〜

佐渡牛のステーキなど全9品のコース

島の恵みを堪能できる海辺のフレンチ

La Plage
‖佐和田‖ ラプラージュ

佐渡の恵みを本格フレンチの技で、見た目も美しく仕上げる名店。佐渡産の米粉や酒粕、果物などを飼料とする佐渡島黒豚をはじめ、ほかでは味わえない美食が堪能できる。

フレンチ ☎0259-57-3751
🏠佐渡市窪田978-3
🕐11:30〜14:00、18:00〜21:30
休不定休 Pあり
‼️バス停佐和田から徒歩3分
MAP付録⑤ B-3

❶大きな窓から景勝地・越の松原と真野湾を望む ❷新潟県産のワインや日本酒も豊富

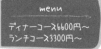

menu
ディナーコース6600円〜
ランチコース3300円〜

全7〜9品のコース。佐渡島黒豚がお目見えすることも

たかなばちめ（めばるの一種）のローストなど、メインが日替わりとなるスペシャルランチ1400円

佐渡フレンチの先駆け的な存在
Un Grand Pas
‖佐和田‖アングランパ

カジュアルな雰囲気のなか、フレンチが楽しめる。厳選された新鮮な魚や野菜は佐渡産をふんだんに使い、旬のものをおいしくいただける。ランチセットは1200円～。

フレンチ ☎0259-52-7878 🏠佐渡市中原598-1
🕐11:00～13:30、17:00～20:30 休火曜、隔週月曜
Ｐあり ‼バス停鍛冶町中原から徒歩3分
MAP付録⑤ B-3

絵本やアート作品があふれる明るい店内

店名はフランス語で「偉大なる一歩」

前菜から1品ずつ提供されるそば懐石昼2500円～ 夜4000円～

伝統的な家屋でそば懐石を
蕎麦 茂左衛門
‖新穂‖そばもぜむ

トキが暮らす集落にひっそりと建つそば処。丹精込めた手打ちそばと、ひと手間かけた創作和食が評判。細身の十割そばが、焼きアゴだしのつゆをまとって芳醇な味わい。

そば ☎0259-67-7972 🏠佐渡市新穂田野沢163-1 🕐11:30～14:00、17:00～22:00（ランチ、ディナーとも前日昼までに要予約）休日曜 Ｐあり
‼両津港から車で15分 MAP付録⑤ B-3

船板を使ったテーブルなどの調度品も趣深い

看板はなく「そば」と書かれた布の目印を見逃さずに

「幻の牛」と呼ばれる希少な佐渡牛のサーロインステーキは5000円～

旨みたっぷりの佐渡牛のステーキ
レストランこさど
‖真野‖

佐渡でもめずしい、予約なしで佐渡牛を食べられる。ハンバーグと津南ポークの和風とんかつ、オリジナルブレンドのスパイスで作った佐渡牛100%キーマカレーが人気。

洋食 ☎0259-55-4004
🏠佐渡市真野新町275-2 🕐11:00～13:45、17:00～20:30 休火曜の夜、水曜 Ｐあり
‼バス停真野新町から徒歩3分 MAP付録⑤ B-3

2023年4月にリニューアルされた店内

佐渡の果物の自家製ケーキや野草の焼き菓子なども人気

蕎麦 茂左衛門では、主人自ら採取した山菜やキノコが使われることもありますよ。

ゆったりとした時間が流れる
島カフェでひと休み

海を眺めながらのんびり過ごせたり、
古民家を使ったレトロモダンな空間にくつろいだり——。
島時間を満喫できるとっておきのカフェを見つけました。

目の前に海が広がる
景色と海風が心地いい

宿根木にある
古民家カフェ

北沢浮遊選鉱場を
眺めながらひと休み

しまふうみ
‖真野‖

自家製酵母にこだわるベーカリーカフェ。人気のチーズトースト800円のほか、種類豊富なサンドイッチもある。眺望抜群のテラスはもちろん、店内席の多くもシービュー。

茶房やました
‖宿根木‖さぼうやました

かつて廻船主だった古民家を改装した和風カフェ。ぜんざい550円や手作りのケーキが付いたドリンクセット550〜700円が人気。ビーフカレー1000円などのランチメニューもある。

北沢Terrace
‖相川‖きたざわテラス

北沢浮遊選鉱場を一望できる絶景のカフェ。佐渡島黒豚のパスタなど、地元の食材を使った料理やスイーツが好評。上写真は佐渡乳業と自家製イチゴジャムのパフェ770円。

ベーカリーカフェ ☎0259-55-4545 🏠佐渡市真野大小105-4 🕘9:30〜16:00 休水曜 Pあり ⚑両津港から車で45分 MAP付録⑤ B-3

和風カフェ ☎0259-86-1212 🏠佐渡市宿根木442 🕘10:00〜15:30（ランチは11:00〜14:00) 休不定休 Pあり ⚑バス停宿根木からすぐ MAP付録⑤ A-4

絶景カフェ ☎0259-58-7085 🏠佐渡市相川北沢町2 🕘11:00〜16:00 休水曜 Pあり ⚑バス停相川博物館前からすぐ MAP付録⑤ A-3

\\ 古民家宿にある //
\\ 限定カフェ //

\\ 昭和初期の建物を使った //
\\ ブック＆シネマカフェ //

\\ 佐渡への愛をパンに //
\\ 詰め込んだ人気店 //

佐渡／島カフェでひと休み

YOSABEI Hiruma Cafe
‖三瀬川‖ヨサベイヒルマカフェ

築約200年の古民家をリノベートした「カール・ベンクス古民家民宿」が、曜日＆時間限定でカフェを営業。自然な甘みが魅力の季節のお野菜プリン350円～や季節のカレーが人気。

ガシマシネマ
‖相川‖

佐渡に移住したオーナーが営むカフェ。映画は新作や昔の名作など多彩で、上映中はブックカフェとして利用できる。スパイスを独自にブレンドしたカレー700円がいちばん人気。

T&M Bread Delivery SADO Island
‖羽茂‖ティーアンドエムブレッドデリバリーサドアイランド

世界各国を旅したマーカスさん夫妻が、理想的な住まいとして30年ほど前に移住して開店。ハード系のパンを中心に、常時10～15種類を販売している。早めに来店してみて。

古民家カフェ ☎0259-67-7284 🏠佐渡市三瀬川549 🕐11:00～14:30 休月・木～日曜 🅿あり 🚌バス停吉井学校前から徒歩5分 MAP付録⑤ B-3

シネマカフェ ☎0259-67-7644 🏠佐渡市相川上京町11 🕐9:30～（上映は通常1日2～3作品） 休月・火曜 🅿なし 🚌バス停佐渡版画村から徒歩3分 MAP付録⑤ A-3

ベーカリー ☎090-3064-2880 🏠佐渡市羽茂本郷634-1 🕐8:00～18:00（なくなり次第閉店、連休などは営業の場合あり、要問い合わせ） 休月～木曜、日曜、祝日 🅿なし 🚌バス停菅原神社入口からすぐ MAP付録⑤ B-4

真野湾を望むしまふうみは、水平線に沈む夕日も目の前に眺められます。

my ことリっぷ。

佐渡を訪ねたなら、
伝統文化にふれてみましょう

佐渡には、島ならではの独特な文化や芸能が根付いています。
伝統文化を見るだけでは物足りない人は、実際に体験してみましょう。
時間を忘れて没頭してしまいそうです。

太鼓を叩いて
リフレッシュ

裂き織りは
昔ながらのリサイクル

裂き織り体験の
カラフルな材料

のろま人形

本格的な能面を作るこ
とができます

無名異焼

よく目にする無名異焼きとは？

無名異とは、佐渡金鉱に沈殿する二酸化鉄のこと。昔は止血薬として使われました。無名異と沢根産の土で焼かれた陶器が無名異焼。使い込むほどに光沢が出る陶器です。

1 無名異焼は、佐渡金山の鉱脈近くから産出される佐渡独特の赤土を高温で焼き締めた、200年の歴史をもつ芸術（陶芸体験は休止中）。裂き織りは、荒仕事をする人たちの仕事着として考え出された伝統の織物で、江戸時代中期頃から、佐渡北部の相川周辺で盛んになりました。

2 世界的に活躍する太鼓芸能集団 鼓童の拠点がある佐渡。鼓童村近くのたたこう館（佐渡太鼓体験交流館）では、和太鼓の体験ができる。樹齢600年の巨木から作られた原木太鼓を叩けばリフレッシュできる。

3 佐渡の伝統芸能である「のろま人形」と「能」。のろま人形は、江戸時代に京都から佐渡に伝わった一番古い人形芝居。潮津の里では、小さなのろま人形の絵付け体験ができます。能面作りでは、小型の能面に絵付けをして竹の板に貼り付けます。

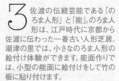

1 相川技能伝承展示館

‖相川‖あいかわぎのうでんしょうてんじかん

佐渡の伝統工芸である裂き織り体験ができる展示館。裂き織り体験ではテーブルセンターなど世界でひとつのオリジナル作品が作れる。

♪0259-74-4313 △佐渡市相川北沢町2 ①8:30〜17:00（12〜2月は体験のみ、要予約）㊡12〜2月の土・日曜、祝日 ￥裂き織り体験2時間1800円（要予約）Ⓟあり
⁂バス停相川博物館前からすぐ 🅼🅰🅿付録⑤ A-3

2 たたこう館（佐渡太鼓体験交流館）

‖小木‖たたこうかんさどたいこたいけんこうりゅうかん

小木半島の見晴らしのよい高台にあり、予約すれば太鼓体験が可能。全身で太鼓をたたく楽しさや、体中に響き渡る太鼓の音を体感できる。

♪0259-86-2320 △佐渡市小木金田新田150-3 ①9:00〜17:00 ㊡月曜（祝日の場合は翌日休）￥太鼓体験1時間2500円（要予約）Ⓟあり
⁂小木港から車で10分 🅼🅰🅿付録⑤ A-4

3 潮津の里

‖真野‖しおづのさと

のろま人形作りやそば打ち、能面作りなどのモノ作り体験から、カヌーやシュノーケリングなどのアウトドア体験までそろっている。

♪0259-55-3311
△佐渡市背合38 ①要問い合わせ
￥のろま人形作り2時間1760円ほか Ⓟあり
⁂バス停背合から徒歩3分 🅼🅰🅿付録⑤ B-3

無名異焼体験ではマイカップ、裂き織り体験ではテーブルの上に敷くレースや布などが作れます。

大海原に沈む夕日にうっとり ステキな景色に出会える島の宿

日本海に沈む美しい夕日が見られる相川や佐和田、真野地区には、
居心地のいい高級旅館やホテル、体験型の宿が集まっています。
露天風呂から夕日を眺める贅沢な時間が待っていますよ。

1 落ち着いた雰囲気の東館デラックスツイン
2 ホワイトとブルーが基調のシンプルなインテリアが心地いい南館デラックスツイン
3 手前が東館、奥が南館

海と波をイメージしたおしゃれな宿

Ryokan 浦島 ‖佐和田‖リョカンうらしま

リゾートホテルを思わせる、モダンなつくりが印象的な宿。建築家、北山恒氏がデザインした南館は、海と光と波をイメージした斬新な建物。また、クラシックなインテリアでシックな雰囲気の東館は建築家、内藤廣氏が監修。この旅館の魅力は、なんといっても料理。南館では和食、東館ではフレンチが食べられ、佐渡本来のおもてなしが体験できる。旬の魚介をふんだんに使った料理は地元の食通にも人気がある。

📞0259-57-3751 🏠佐渡市窪田978-3 🕐IN15:00 OUT10:00 🛏〈南館〉和2、和洋メゾネット7、洋メゾネット2〈東館〉和1、デラックスツイン3、スタンダードツイン9、クラブルーム3、シングル1 Pあり 🚌バス停佐和田から徒歩3分 MAP付録⑤ B-3

料金プラン

〈南館〉
メゾネット
1泊2食付き24200円～
〈東館〉
デラックスツイン
1泊2食付き26400円～
スタンダードツイン
1泊2食付き22000円～
クラブルーム
1泊2食付き31900円～

まずはお部屋へ

おふろにしますか

南館で食べられる和食

東館では本格フレンチ

朝からもりもり

浦島では和食と洋食を選んで食べられます
鮮魚店を営んでいた家族が始めたオーベルジュなので料理は品数が豊富。南館、東館どちらに泊まっても和食か洋食,好きな方を選べます。

窓の外には日本海

ホテル ファミリーオ佐渡相川

『相川』ホテルファミリーオさどあいかわ

北に尖閣湾、南に佐渡金山という好立地で、目の前に大海原が広がる。レストランや温泉大浴場、客室からも海が眺められ、島旅ならではの風景が楽しめる。佐渡の島ごはんも楽しみ。

♪0259-75-1020
🏠佐渡市小川1267-1
🕐IN15:00 OUT11:00
🛏T20、ファミリー10
Ｐあり 🚌バス停相川から送迎バス（要連絡）で8分
MAP付録⑤ A-3

料金プラン

ツインルーム（食事なし）
7800円（レギュラーシーズン）
13300円（オンシーズン）
レストラン（予約制）
朝食2200円 夕食4180円

■1雄大な自然に囲まれたホテル ■2ツインルーム ■3ミニキッチンが付く広々としたファミリールーム ■4相川温泉 大浴場"やわらぎの湯"

優雅な空間が登場

SADO NATIONAL PARK HOTEL OOSADO

『相川』サドナショナルパークホテルオオサド

春日崎の高台に立つリゾートホテル。2024年3月に館内の一部がリニューアルされ、海と一体になれるようなさらにラグジュアリーな空間が広がる。

料金プラン

1泊2食付き　20500円〜

♪0259-74-3300 🏠佐渡市相川鹿伏288-2 🕐IN15:00 OUT11:00 🛏T9、和60、和洋2、その他2 Ｐあり 🚌バス停相川から送迎バス（要連絡）で8分
MAP付録⑤ A-3

体験メニューが豊富

潮津の里

『真野』しおづのさと

のろま人形作りやそば打ち、能面作りなどのもの作り体験から、カヌーやシュノーケリングなどのアウトドア体験までできる宿。目の前に広がる真野湾が美しい。

料金プラン

1泊2食付き　8800円
BBQ広場利用料　1人1100円
キャンプ広場利用料
1人1650円

♪0259-55-3311
🏠佐渡市背合38
🕐IN16:00 OUT10:00
🛏和15 Ｐあり 🚌バス停背合から徒歩3分 MAP付録⑤ B-3

■1日本海に沈む夕日を望む水盤テラス ■2全室オーシャンビューの和モダンの客室

■1真野湾に面した高台に立つ ■2お風呂は24時間利用可能

ホテル ファミリーオ佐渡相川では、JR東日本のビューカード利用で宿泊料金が10%割引になります。

佐渡／ステキな景色に出会える島の宿

島ならではの味がたくさん
おいしい佐渡みやげ

島で見つけた素朴な食材や、佐渡ならではの珍味の数々は、
佐渡のエッセンスがぎっしり詰まったものばかり。
家族や友だちへのおみやげにすると喜ばれそうです。

佐渡の牛乳をしっかりと

佐渡牛乳カステラ　880円
佐渡牛乳を使った、濃厚な味のカステラ。6切れのカステラを1ℓサイズにパッケージ。Ⓐ

ドイツ仕込みの本格的な味

たまとろサラミ　1490円
原料の品質と手作りの製法に頑固にこだわる手作りハム・ソーセージは、地元で評判。Ⓒ

干し柿を洋風にアレンジ

ラム♡アンシャンテ　540円
干し柿をラム酒に漬けた新感覚スイーツ。干し柿のほどよい甘さをラム酒の香りがさらに引き立てる。Ⓐ

香りと甘みを感じる

佐渡番茶　500円
風味が豊かで、甘みを感じるのが特徴の番茶。佐渡の風景などが描かれたパッケージは、おみやげにいい。Ⓐ

佐渡の庶民食をお持ち帰り

とび魚のすり身　330円
トビウオの身をすりおろした練りもの。地元では、味噌汁の具材などとして一般家庭でよく食されている。Ⓐ

年に数回の貴重な〆鯖

半身〆鯖　756円〜
胴体が太く、脂ののったサバを厳選。半生で即冷凍する。納得のいくサバ以外は使わないため、販売するのは年に5〜6回。Ⓓ

へんじんもっことは佐渡の方言で頑固者の意味。ドイツ仕込みの本場の味は、ヨーロッパの国際コンクールで数々のメダルを獲得しています。

佐渡／おいしい佐渡みやげ

佐渡に伝わる郷土食

巻きいごねり(3本入り)　324円
いご草という海藻を調理した寒天のような食感の健康食。きざみネギに醤油、酢醤油などでどうぞ。**D**

硬さが魅力の佐渡銘菓

ワダコメ手造りかりんと　400円
地元で広く愛されているかりんと。かなり硬い食感が特徴で、噛み進むうちにおいしさが実感できる。**A**

濃厚な佐渡ミルクを実感

佐渡の国チーズケーキ　プレーン912円
佐渡産牛乳をたっぷり使ったベイクドタイプ。おけさ柿入りの干し柿タイプ972円も美味。**B**

新しい食感で食べやすい干し柿

かきリン　540円
干し柿とは思えない、新食感の干し柿スイーツ。ひと口サイズで柿そのものの味がしっかりと感じられる。**A**

ココで買えます

A 佐渡汽船 待合室売店
📞0259-27-4812 🏠両津港ターミナル2F 🕐8:00〜17:00(季節により変動あり) 🈲無休 🅿あり MAP付録⑤ B-2

両津港のフェリー乗り場のみやげ物店には、佐渡名物が豊富にそろっている。

B プチドール
📞0259-57-2288 🏠佐渡市河原田諏訪町182-8 🕐8:30〜19:00 🈲不定休 🅿あり ‼バス停河原田諏訪町からすぐ MAP付録⑤ B-3

地元食材にこだわったスイーツが人気の洋菓子店。イートインも可能。

C へんじんもっこ大野工場
📞0259-22-2204 🏠佐渡市新穂大野1184-1 🕐9:00〜17:00 🈲日曜 🅿あり ‼バス停新穂小学校前から徒歩5分 MAP付録⑤ B-3

佐渡のおみやげにも人気のサラミやソーセージは、種類が豊富。

D 丸中商店
📞0259-63-4770 🏠佐渡市泉1345 🕐8:00〜17:00(日曜は9:00〜) 🈲無休 🅿あり ‼バス停泉から徒歩5分 MAP付録⑤ B-3

佐渡伝統の味いごねりをはじめ、各種海産物を販売。

両津港にあるシータウン商店街には「佐渡汽船 待合室売店」の姉妹店となる「両津ターミナル売店」があり、佐渡みやげがそろいます。

新潟までは上越新幹線か飛行機、佐渡へは、新潟港から船便になります

新潟へは上越新幹線の利用が早くて便利。
飛行機利用の場合は、新潟空港到着後、路線バスで新潟駅へ。
佐渡へは、新潟港まで路線バスで移動したあと、船で両津港へ向かいます。

各地から新潟へ

新潟の玄関口はJR新潟駅。東京から越後湯沢、長岡を経由して新潟駅へ行く上越新幹線が便利です。新潟駅から在来線に乗り継げば、県内のほとんどのエリアへのアクセスが可能です。飛行機利用なら、新潟空港からバスで25分程度で新潟駅に着きます。

お得なプランを探してみましょう

同じルートを往復するなら、2〜3名で利用できる旅行会社のお得なプランを探すのもひとつの手です。フリープラン型ツアーは、往復の交通費と宿泊費をセットにしたプラン。個人で手配するよりも料金ははるかにお得です。ネットのサイトなどで調べてみましょう。

どこから	なにで?	ルート	所要	ねだん
東京から	🚅	東京駅→JR上越新幹線とき→新潟駅	1時間30分〜2時間15分	10760円
仙台から	🚅	仙台駅→JR東北新幹線はやぶさ・やまびこほか→大宮駅→JR上越新幹線とき→新潟駅	2時間25分〜3時間20分	19770円（やまびこ利用の場合は19450円）
札幌から	✈🚌	新千歳空港→ANA、JAL→新潟空港→新潟交通バス→新潟駅	1時間50分〜2時間15分	38570円（JAL）
	✈🚌	丘珠空港→TOK→新潟空港→新潟交通バス→新潟駅	2時間30〜40分	24470円
名古屋から	✈🚌	小牧空港→FDA→新潟空港→新潟交通バス→新潟駅	1時間40〜45分	31770円
大阪から	✈🚌	伊丹空港→JAL、ANA、IBX→新潟空港→新潟交通バス→新潟駅	1時間45〜55分	37990円（JAL）
	✈🚌	関西空港→APJ→新潟空港→新潟交通バス→新潟駅	2時間35分	5880円〜
福岡から	✈🚌	福岡空港→IBX、FDA→新潟空港→新潟交通バス→新潟駅	2時間25分	52380円（IBX）

※新潟から佐渡へはP.86参照

🚌 バス旅という手もあります

目的地によっては、大都市圏内から高速バスを利用することもできます。首都圏からだと、新潟市内、新潟港や長岡、柏崎、直江津への路線があります。乗り換えがなく、新幹線や飛行機よりリーズナブルです。

🚃 青春18きっぷでスローな旅を

青春18きっぷは、JRの快速・普通列車が1日乗り放題のきっぷです。のんびりと列車にゆられるスローな旅では、道中思わぬ発見があることも。1枚で5日（人）使えて12050円。春・夏・冬休み期間にあわせて発売されます。

空港からの路線バス
新潟空港-JR新潟駅間は、新潟交通の直行路線バスが飛行機到着便に合わせて運行しています。万代シテイを経由する各停便なら、市内中心部に出るにも便利です。

問い合わせ先

鉄道
JR東日本お問い合わせセンター
・・・・・・・・・・・・・ ☎050-2016-1600
北越急行（ほくほく線）十日町駅
・・・・・・・・・・・・・ ☎025-752-0770
えちごトキめき鉄道直江津駅
・・・・・・・・・・・・・ ☎025-543-3160
しなの鉄道・・・・・ ☎0268-21-3470

飛行機
JAL（日本航空）
・・・・・・・・・・・・・ ☎0570-025-071
ANA（全日空）・・ ☎0570-029-222
IBX（アイベックスエアラインズ）
・・・・・・・・・・・・・ ☎0570-057-489
FDA（フジドリームエアラインズ）
・・・・・・・・・・・・・ ☎0570-55-0489
APJ（ピーチ・アビエーション）
・・・・・・・・・・・・・ ☎0570-001-292
TOK（トキエア）☎0570-023-237

バス
新潟交通バスセンター案内所
・・・・・・・・・・・・・ ☎025-246-6333

船
佐渡汽船・・・・・・・ ☎0570-200-310

ことりっぷおすすめ
使えるサイト

LCCjp
LCCを含む国内航空会社の路線を検索できる
https://dsk.ne.jp/

駅探
飛行機や鉄道の時刻・運賃が検索できる
https://ekitan.com/

札幌
函館（新函館北斗）
青森（新青森）
盛岡
佐渡
仙台
新潟
金沢
高崎
東京
敦賀
大宮
岡山
名古屋
広島
大阪（新大阪）
福岡（博多）
鹿児島（鹿児島中央）

※データは2024年4月現在のものです。JRそのほかの交通機関は、通常期の主要手段（普通車指定席など）とその片道料金・普通運賃（ANAはFLEX D運賃、JALはフレックス普通席タイプB運賃、TOKはトキエアA運賃）の合計額（飛行機は旅客施設使用料を含む）で、始発～終着相互間のものです。所要時間は目安です。

飛行機の割引運賃を活用しましょう

航空会社によっては往復で購入したり、早期の予約や特定の便を利用することで割引運賃が適用されます。各航空会社の割引運賃制度をうまく活用して、お得な空の旅を楽しみましょう。

新潟タウン近郊エリア間の移動も新潟駅が拠点になります

新潟タウンから県内各地の観光スポットへは、
在来線の利用が便利です。
途中で乗り換える駅の確認をしておきましょう。

新潟タウンから各エリアへ

新潟の各地をつないでいるのは信越本線や白新線、越後線など、JRの各在来線。目的地によっては新潟駅から高速バスが運行しており、列車の本数が少ない場合はバスも便利。事前に出発時間を調べて、都合のいい方を選びましょう。

どこへ	なにで？	ルート	所要	料金
村上へ	🚃	新潟駅→JR特急いなほ→村上駅	50分	2650円
新発田へ	🚃	新潟駅→JR白新線→新発田駅	40分	510円
月岡温泉へ	🚃🚌	新潟駅→JR白新線→豊栄駅→月岡温泉シャトルバス→月岡旧湯前	55分〜1時間	540円
阿賀野川（阿賀の里）へ	🚃	新潟駅→JR信越本線→新津駅→JR磐越西線（新潟駅からの直通もある）→東下条駅	55分〜1時間20分	680円
岩室温泉へ	🚃	新潟駅→JR越後線→巻駅	40〜50分	510円
弥彦へ	🚃	新潟駅→JR越後線→吉田駅→JR弥彦線→弥彦駅	1時間5〜35分	770円
寺泊へ	🚃	新潟駅→JR越後線→吉田駅→JR越後線→寺泊駅	1時間5〜35分	860円
長岡へ	🚄	新潟駅→JR上越新幹線とき→長岡駅	16〜22分	3570円
	🚌	新潟駅→高速バス→長岡駅前	1時間25〜40分	1000円
六日町へ	🚄🚃	新潟駅→JR上越新幹線とき→浦佐駅→JR上越線→六日町駅	50分〜1時間45分	5150円
	🚌	新潟駅→高速バス（十日町行き）→六日町	2時間5分	1820円
越後湯沢へ	🚄	新潟駅→JR上越新幹線とき→越後湯沢駅	35〜45分	5480円
十日町へ	🚄🚃	新潟駅→JR上越新幹線とき→越後湯沢駅→JR上越線・北越急行（ほくほく線）※注→十日町駅	1時間30分〜2時間5分	6210円
	🚌	新潟駅→高速バス→十日町駅西口	2時間30〜35分	1990円
赤倉温泉へ	🚃	新潟駅→JR特急しらゆき→直江津駅→えちごトキめき鉄道（妙高はねうまライン）→妙高高原駅	3時間〜3時間30分	5600円

注：一部の列車は途中の六日町駅で取り換えが必要になります。
※新潟から佐渡へはP.86参照

🕊 こんなきっぷがあります

週末パス
あらかじめ指定された連続する週末の2日間に、設定エリア内のJR東日本線、北越急行（ほくほく線）などの快速・普通列車の普通車自由席が乗り降り自由になるJR東日本のおトクなきっぷ。特急券などは別購入となります。料金は8880円（利用日の前日までに購入）。

えちごツーデーパス
フリーエリア内（県内ほぼ全域）の普通列車（快速含む）の普通車自由席があらかじめ指定された土・日曜、祝日の連続する2日間乗り放題のきっぷ。北越急行（ほくほく線）やえちごトキめき鉄道（妙高はねうまラインなど）もフリーエリアに含まれる。料金は2800円。

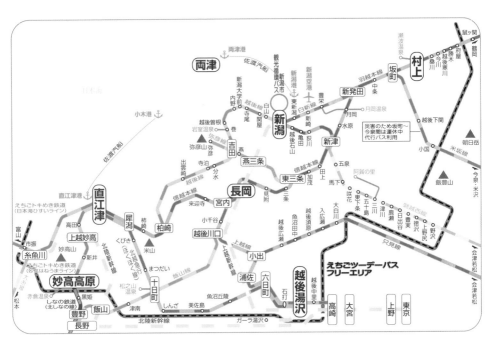

▓新潟市観光循環バスでおまかせ旅

市内中心部の観光には、新潟市観光循環バスの利
用がおすすめです。市内の中心に点在する水族館
や博物館などの主要な観光スポットを効率よくめ
ぐれます。1日乗り降り自由な乗車券500円を提示
すると、マリンピア日本海やみなとぴあといった施
設や商店で料金割引などの特典も受けられます。
詳しくは新潟市観光循環バスHPにて。
新潟交通バスセンター案内所　☎025-246-6333

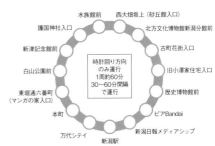

新潟駅・万代シテイを中心とした約1kmの範囲内は新潟交通の路線バスに120円で乗れます。

新潟タウンと県内主要都市の間は
高速道路で結ばれています

マイカーの場合は、関越・北陸自動車道で。
新発田や村上などへは、新潟中央JCTから日本海東北自動車道へ。
日本海沿いの国道345号、402号は格好のドライブコースでもあります。

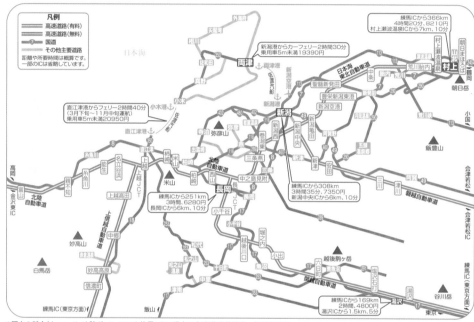

※図中の料金(カーフェリーを除く)は、ETCを使用しない場合の高速道路普通車一般料金です。

旅に便利な検索サイト

高速バスの時刻や
料金検索・予約

●発車オ～ライネット
全国の高速バスが検索可能
https://secure.j-bus.co.jp/hon

●バスぷらざ
レンタカーやバスの予約可能
https://www.nta.co.jp/bus/

道路情報や
高速道路通行料金の検索

●日本道路交通情報センター
テレビ・ラジオでおなじみの交通情報
https://www.jartic.or.jp/

●NEXCO東日本
料金検索などのほかSA・PA情報も
https://www.e-nexco.co.jp/

●国土交通省道路局 渋滞情報
高速道路だけでなく一般道路にも対応
https://www.mlit.go.jp/road/traffic/

レンタカー・船の問い合わせ先はこちら

レンタカー
ニッポンレンタカー   ☎0800-500-0919
トヨタレンタカー   ☎0800-7000-111
日産レンタカー   ☎0120-00-4123
オリックスレンタカー   ☎0120-30-5543
タイムズカーレンタル   ☎0120-00-5656

船
佐渡汽船   ☎0570-200-310

フェリーで佐渡へ。 佐渡へ渡る際は新潟港へ。出港時刻の1時間前までに到着するのがベターです。

■新潟主要エリア間アクセス早わかり

鉄道・バス→新潟港～両津港でジェットフォイルを利用すると、4090円増しになりますが、所要時間は1時間半短縮されます。

マイカー→マイカーのフェリー料金は5m未満自動車航送料金（大人1名分の2等運賃を含む、その他の料金はETCを利用しない場合の高速道路普通車一般料金					
	新潟タウン	新潟駅→特急「いなほ」→村上駅 50分 2650円	新潟駅→JR上越新幹線「とき」→長岡駅 16～22分 3570円 または新潟駅→新潟交通バスほか→長岡駅 1時間25～40分 1000円	新潟駅→JR上越新幹線「とき」→越後湯沢駅 35～45分 5480円	新潟駅→新潟交通バス→新潟港→両津港 3時間10～20分 3220円
新潟駅前→㉝・❼→日本海東北道新潟亀田IC→村上瀬波温泉IC→⑭ほか→村上駅前 62km 1時間 1340円	**村上**	村上駅→特急「いなほ」→新潟駅→JR上越新幹線「とき」→長岡駅 1時間15～35分 6190円	村上駅→特急「いなほ」→新潟駅→JR上越新幹線「とき」→越後湯沢駅 1時間40～55分 8060円	村上駅→特急「いなほ」→新潟駅→新潟交通バス→新潟港→佐渡汽船→両津港 4時間10分～5時間5分 5870円
新潟駅前→㉝・❼→①・⑭→北陸道新潟中央IC→関越道長岡IC→長岡駅前 69km 55分 1720円	村上駅前→⑳ほか→日本海東北道村上瀬波温泉IC→⑧・㊿→関越道長岡IC→長岡駅前 121km 1時間35分 2940円	**長岡**	長岡駅→JR上越新幹線「とき」→越後湯沢駅 19～25分 3740円	長岡駅→JR上越新幹線「とき」→新潟駅→新潟交通バス→新潟港→佐渡汽船→両津港 4時間～4時間15分 6790円
新潟駅前→㉝・❼→北陸道新潟中央IC→関越道湯沢IC→⑰・⑯→越後湯沢駅前 142km 1時間45分 3580円	村上駅前→⑳ほか→日本海東北道村上瀬波温泉IC→関越道湯沢IC→⑰・⑯→越後湯沢駅前 194km 2時間25分 4510円	長岡駅前→㊱・㉟→湯沢IC→⑰・⑯→越後湯沢駅前 85km 1時間10分 2260円	**越後湯沢**	越後湯沢駅→JR上越新幹線「とき」→新潟駅→新潟交通バス→新潟港→佐渡汽船→両津港 4時間15分～5時間5分 8900円
新潟駅前→㉝・❼・⑪→新潟港→佐渡汽船→両津港 新潟港まで 3km 20分 新潟港～両津港は 2時間30分 19390円	村上駅前→⑳ほか→日本海東北道村上瀬波温泉IC→新潟亀田IC→⑪→新潟港→佐渡汽船→両津港 新潟港まで 64km 1時間5分 1340円 新潟港～両津港は 2時間30分 19390円	長岡駅前→㊱・㉟→関越道長岡IC→日本海東北道新潟亀田IC→❼・⑪→新潟港→佐渡汽船→両津港 新潟港まで74km 1時間 1780円 新潟港～両津港は 2時間30分 19390円	越後湯沢駅前→⑯・⑰→日本海東北道新潟亀田IC→❼・⑪→新潟港→佐渡汽船→両津港 新潟港まで147km 1時間50分 3630円 新潟港～両津港は 2時間30分 19390円	**佐渡**

新潟から長岡へは、JR信越本線でも行けます。普通列車で1時間20分。特急列車も走っています。

みどころ　S ショップ　R レストラン　C カフェ　H ホテル　温泉

Ⓜ みどころ Ⓢ ショップ Ⓡ レストラン Ⓒ カフェ Ⓗ ホテル Ⓜ 温泉

ことりっぷ co-Trip
新潟 佐渡

STAFF
●編集
ことりっぷ編集部
ブラックフィッシュ
●取材・執筆
ブラックフィッシュ
オセアニア・メディア・クリエーションズ
(小野澤啓子)
アイドマ編集室(外岡実)
●撮影
山田ミユキ
ブラックフィッシュ
tsukao
山下コウ太
平林美紀
井上英祐
●表紙デザイン
GRiD
●フォーマットデザイン
GRiD
●キャラクターイラスト
スズキトモコ
●本文デザイン
GRiD
ARENSKI
●DTP制作
明昌堂
●地図制作協力
田川企画
●校正
田川企画
露木奈穂子
●協力
関係各市町村観光課・観光協会、
関係諸施設
●写真協力
PIXTA

2024年6月1日　4版1刷発行

発行人　川村哲也
発行所　昭文社
本社:〒102-8238 東京都千代田区麹町3-1

♪0570-002060(ナビダイヤル)
IP電話などをご利用の場合は♪03-3556-8132
※平日9:00～17:00(年末年始、弊社休業日を除く)

ホームページ:https://sp-mapple.jp/

●掲載データは、2024年2～3月の時点のものです。変更される場合がありますので、ご利用の際は事前にご確認ください。消費税の見直しにより各種料金が変更される可能性があります。そのため施設により税別で料金を表示している場合があります。なお、感染症に対する各施設の対応・対策により、営業日や営業時間、開業予定日、公共交通機関に変更が生じる可能性があります。おでかけになる際は、あらかじめ各イベントや施設の公式ホームページ、また各自治体のホームページなどで最新の情報をご確認ください。また、本書で掲載された内容により生じたトラブルや損害等については、弊社では補償いたしかねますので、あらかじめご了承のうえ、ご利用ください。
●電話番号は、各施設の問合せ用番号のため、現地の番号ではない場合があります。カーナビ等での位置検索では、実際とは異なる場所を示す場合がありますので、ご注意ください。
●料金について、入場料などは、大人料金を基本にしています。
●開館時間・営業時間は、入館締切までの時刻、またはラストオーダーまでの時刻を基本にしています。
●休業日については、定休日のみを表示し、臨時休業、お盆や年末年始の休みは除いています。
●宿泊料金は、基本、オフシーズンの平日に客室を2名1室で利用した場合の1人あたりの料金から表示しています。ただし、ホテルによっては1部屋の室料を表示しているところもあります。
●交通は、主要手段と目安の所要時間を表示しています。ICカード利用時には運賃・料金が異なる場合があります。
●本書掲載の地図について
測量法に基づく国土地理院長承認(使用)
R 5JHs 14-156174　R 5JHs 15-156174
R 5JHs 16-156174　R 5JHs 17-156174
R 5JHs 18-156174